Orto Domestico

Manuale Pratico e Completo con Tecniche per Principianti e Esperti

Indice

Alla fine di questo libro troverai un regalo esclusivo!

Orto Domestico

Manuale Pratico e Completo con Tecniche
per Principianti e Esperti

I. Introduzione all'Orticoltura: Concetti di Base e Benefici

1. Origini e Storia dell'Orticoltura

Nel mondo affascinante dell'orticoltura, le radici della pratica affondano profondamente nella storia dell'umanità, intrecciandosi con le sue origini stesse. Risalendo alle antiche civiltà, possiamo rilevare le prime tracce di coltivazione di piante a fini alimentari, segnando l'inizio dell'arte e della scienza dell'orticoltura. Nei racconti di antiche civiltà come quella egizia, babilonese e mesopotamica, emergono testimonianze di giardini e campi coltivati con una vasta gamma di piante commestibili. Questi popoli svilupparono tecniche innovative per irrigare i loro terreni, utilizzando canali e sistemi di canalizzazione che dimostrano una comprensione precoce dell'importanza dell'acqua nella crescita delle piante.

Con l'avanzare del tempo e lo sviluppo delle civiltà, l'orticoltura divenne sempre più sofisticata, alimentando l'espansione e la crescita delle comunità umane. Nell'antica Grecia, ad esempio, l'orticoltura assunse un ruolo significativo nella società, tanto che venne persino celebrata in miti e leggende. Le scuole filosofiche greche fecero importanti contributi allo studio delle piante e delle loro proprietà, contribuendo così allo sviluppo della scienza botanica.

L'Impero Romano portò ulteriori innovazioni all'orticoltura, introducendo concetti come la selezione delle varietà, la propagazione delle piante e l'uso sistematico di fertilizzanti naturali come il letame e il compost. I romani, famosi per i loro giardini lussureggianti e le ville elaborate, coltivarono una vasta gamma di frutta, verdura ed erbe aromatiche, trasformando l'orticoltura in un'arte raffinata.

Con l'avvento del Medioevo, l'orticoltura continuò a prosperare, anche se il suo sviluppo subì variazioni significative a causa dei cambiamenti sociali ed economici. Durante questo periodo, i monasteri e i giardini conventuali assunsero un ruolo centrale nella conservazione e nella diffusione delle conoscenze orticole, preservando così antiche tradizioni e tecniche di coltivazione.

Nel corso dei secoli successivi, l'orticoltura si è evoluta in una scienza moderna, abbracciando nuove tecnologie e pratiche agricole sostenibili. Tuttavia, le sue radici storiche rimangono saldamente ancorate nel passato, testimoniando la continua importanza della coltivazione delle piante per l'umanità. Attraverso l'analisi delle origini e della storia dell'orticoltura, possiamo guadagnare una comprensione più profonda della nostra connessione con la terra e l'importanza di coltivare il nostro cibo in armonia con l'ambiente circostante.

2. Ruolo dell'Orticoltura nell'Economia Globale

L'orticoltura riveste un ruolo di fondamentale importanza nell'economia globale, contribuendo in modo significativo alla sicurezza alimentare, all'occupazione e al benessere economico delle nazioni di tutto il mondo. La produzione di frutta, verdura ed erbe aromatiche è un settore vitale dell'industria agricola, generando entrate economiche considerevoli e fornendo sostentamento a milioni di persone in tutto il mondo.

Nei paesi in via di sviluppo, l'orticoltura costituisce spesso la principale fonte di reddito per milioni di piccoli agricoltori e famiglie rurali. La coltivazione di ortaggi e frutta non solo fornisce cibo fresco e nutriente per il consumo locale, ma offre anche opportunità economiche attraverso la vendita sui mercati locali e internazionali. In molte di queste regioni, l'orticoltura è una fonte essenziale di lavoro, con intere comunità che dipendono dalla coltivazione e dalla vendita di prodotti orticoli per il loro sostentamento.

Nel contesto dell'economia globale, l'orticoltura riveste un ruolo chiave nel commercio internazionale, con molti paesi che esportano una vasta gamma di prodotti orticoli per soddisfare la domanda mondiale. Le esportazioni di ortaggi freschi, frutta esotica ed erbe aromatiche rappresentano una parte significativa del commercio agricolo internazionale, contribuendo a generare entrate valutarie e a promuovere lo sviluppo economico nelle regioni produttrici.

Inoltre, l'orticoltura svolge un ruolo cruciale nella sicurezza alimentare globale, fornendo una fonte vitale di nutrienti per la popolazione mondiale. Grazie alla sua capacità di produrre una vasta gamma di alimenti ricchi di vitamine e minerali, l'orticoltura contribuisce a combattere la malnutrizione e a promuovere una dieta sana e bilanciata per le persone di tutte le età.

Nel contesto dell'attuale crisi climatica e ambientale, l'orticoltura assume un'importanza ancora maggiore come parte integrante della transizione verso un sistema alimentare più sostenibile e resiliente. Attraverso pratiche agricole innovative e tecniche di coltivazione ecocompatibili, l'orticoltura può contribuire a ridurre l'impatto ambientale dell'agricoltura industriale e a promuovere la conservazione delle risorse naturali.

In sintesi, il ruolo dell'orticoltura nell'economia globale è vasto e diversificato, toccando molteplici aspetti della vita umana, dall'alimentazione alla sicurezza economica, all'occupazione e alla sostenibilità ambientale. Con una comprensione approfondita di questo settore vitale, possiamo apprezzare appieno il suo impatto positivo sulla vita delle persone e sul pianeta nel suo complesso.

3. Impatto Ambientale Positivo dell'Orticoltura

L'orticoltura, quando praticata in modo sostenibile e consapevole, può avere un impatto ambientale estremamente positivo, contribuendo alla conservazione delle risorse naturali, alla riduzione dell'impatto climatico e alla promozione della biodiversità. Uno dei principali vantaggi ambientali dell'orticoltura è la sua capacità di promuovere la conservazione del suolo e la fertilità del terreno. Contrariamente alle pratiche agricole intensive che possono causare erosione del suolo e degradazione ambientale, l'orticoltura si basa spesso su tecniche di coltivazione che migliorano la struttura del suolo, aumentano la materia organica e riducono al minimo l'uso di fertilizzanti e pesticidi sintetici. Ad esempio, l'uso di letame compostato e altri ammendanti organici può arricchire il suolo con nutrienti essenziali e promuovere la sua capacità di trattenere l'umidità, riducendo così la necessità di irrigazione e proteggendo contro la perdita di nutrienti per dilavamento. Inoltre, la pratica della rotazione delle colture e della copertura del terreno con pacciamatura organica può contribuire a prevenire l'erosione del suolo e a mantenere la sua struttura e fertilità nel tempo.

Un altro aspetto positivo dell'orticoltura in termini ambientali è la sua capacità di ridurre l'impronta carbonica complessiva del sistema alimentare. Rispetto alla produzione industriale di alimenti, che spesso richiede grandi quantità di energia fossile per la coltivazione, la raccolta, il trasporto e la distribuzione, l'orticoltura può essere significativamente più efficiente in termini energetici e meno inquinante. Ad esempio, la produzione di ortaggi locali in piccola scala richiede generalmente meno energia per il trasporto rispetto agli alimenti importati da migliaia di chilometri di distanza, riducendo così le emissioni di gas serra associate al trasporto su lunghe distanze. Inoltre, l'uso di pratiche agricole sostenibili come l'agricoltura biologica e la permacultura può contribuire a ridurre l'uso di combustibili fossili e a promuovere l'adozione di energie rinnovabili nelle operazioni agricole.

Infine, l'orticoltura può svolgere un ruolo cruciale nella promozione della biodiversità e nella conservazione degli ecosistemi naturali. Gli orti domestici e comunitari possono fornire habitat vitali per una vasta gamma di organismi, tra cui insetti benefici, uccelli, anfibi e piccoli mammiferi, contribuendo così a sostenerne la popolazione e a preservare la diversità biologica. Inoltre, la coltivazione di varietà locali e tradizionali di piante orticole può aiutare a proteggere la diversità genetica e a preservare le specie vegetali autoctone dalla perdita e dall'estinzione.

In conclusione, l'orticoltura rappresenta un potente strumento per la promozione della sostenibilità ambientale e della conservazione delle risorse naturali. Con pratiche agricole oculate e consapevoli, possiamo coltivare il nostro cibo in armonia con l'ambiente circostante, contribuendo così alla creazione di un futuro più verde e più equo per le generazioni a venire.

4. Aspetti Psicologici e Terapeutici dell'Orticoltura

Gli aspetti psicologici e terapeutici dell'orticoltura sono un argomento affascinante e complesso che rivela il potere trasformativo della connessione con la natura e il processo di coltivazione delle piante. Molti studi hanno dimostrato i benefici positivi che l'orticoltura può apportare alla salute mentale e al benessere emotivo delle persone di tutte le età e condizioni. Uno dei principali vantaggi dell'orticoltura come terapia è la sua capacità di ridurre lo stress e promuovere il rilassamento attraverso un'attività fisica leggera e gratificante all'aria aperta. Il contatto con la terra e le piante può avere un effetto calmante sulla mente, aiutando le persone a ritrovare equilibrio e serenità in un mondo sempre più frenetico e stressante.

Inoltre, l'orticoltura può offrire un'opportunità unica per la riflessione e la contemplazione, consentendo alle persone di connettersi con il ciclo della vita e sperimentare un senso di gratificazione e realizzazione attraverso il processo di semina, crescita e raccolto delle piante. La cura e l'attenzione richieste per coltivare un orto possono anche fornire un senso di scopo e significato, aiutando le persone a sentirsi più soddisfatte e appagate nella loro vita quotidiana.

Oltre ai benefici psicologici, l'orticoltura terapeutica può anche avere un impatto positivo sulla salute fisica delle persone, incoraggiando uno stile di vita attivo e sano attraverso l'esercizio fisico leggero e la produzione di cibo fresco e nutriente. L'orticoltura può essere particolarmente efficace come forma di terapia per le persone anziane o con disabilità, offrendo loro un'attività significativa e gratificante che contribuisce al loro benessere generale.

Per coloro che desiderano sfruttare gli aspetti psicologici e terapeutici dell'orticoltura, ci sono molte pratiche e tecniche che possono essere adottate per massimizzare i benefici per la salute mentale e emotiva. Ad esempio, la creazione di un giardino sensoriale con una varietà di piante aromatiche, tattili e visivamente stimolanti può aiutare a stimolare i sensi e favorire la consapevolezza del momento presente. Allo stesso modo, la pratica della meditazione o della mindfulness nell'orto può aiutare a rafforzare la connessione mente-corpo e a promuovere la pace interiore e la calma interiore.

In conclusione, gli aspetti psicologici e terapeutici dell'orticoltura offrono un'opportunità unica per migliorare la salute mentale e emotiva attraverso il contatto con la natura e il processo di coltivazione delle piante. Con un approccio consapevole e attento, è possibile sfruttare appieno i benefici dell'orticoltura terapeutica e godere di una vita più equilibrata, soddisfacente e appagante.

5.Sfide e Opportunità nell'Orticoltura Moderna

Nell'orticoltura moderna, si presentano una serie di sfide e opportunità che richiedono un approccio oculato e innovativo per garantire il successo e la sostenibilità delle operazioni agricole. Una delle principali sfide che gli orticoltori devono affrontare è rappresentata dalla crescente pressione ambientale e climatica, che può influenzare negativamente la produzione agricola e la disponibilità di risorse naturali. Il cambiamento climatico, in particolare, può portare a condizioni meteorologiche estreme, come ondate di calore, siccità e piogge intense, che possono danneggiare le colture e compromettere la sicurezza alimentare. Per affrontare queste sfide, gli orticoltori devono adottare pratiche agricole resilienti e sostenibili, come la selezione di varietà di piante adattate al clima locale, l'implementazione di sistemi di irrigazione efficienti e la promozione della conservazione del suolo e dell'acqua.

Un'altra sfida significativa nell'orticoltura moderna è rappresentata dalla crescente domanda di prodotti orticoli freschi e di alta qualità da parte dei consumatori, che richiede una maggiore produttività e efficienza nelle operazioni agricole. Per soddisfare questa domanda, gli orticoltori devono adottare pratiche colturali innovative e tecnologie avanzate per aumentare la resa e migliorare la qualità dei loro prodotti. Ciò può includere l'uso di tecniche di coltivazione idroponica e aeroponica per massimizzare lo spazio e ottimizzare le risorse, l'adozione di sistemi di gestione integrata delle malattie e dei parassiti per ridurre l'uso di pesticidi chimici e l'implementazione di pratiche di coltivazione biologica e sostenibile per promuovere la salute del suolo e della biodiversità.

Tuttavia, insieme alle sfide, l'orticoltura moderna offre anche una serie di opportunità per gli orticoltori di innovare e crescere. Uno dei principali vantaggi dell'orticoltura è la sua flessibilità e adattabilità, che consente agli agricoltori di rispondere rapidamente alle mutevoli condizioni del mercato e alle esigenze dei consumatori. Ad esempio, gli orticoltori possono sfruttare le tendenze emergenti nel settore alimentare, come l'aumento della domanda di prodotti biologici e locali, per differenziare la propria offerta e conquistare nuovi segmenti di mercato. Inoltre, l'orticoltura offre una serie di opportunità per la diversificazione delle colture e la creazione di valore aggiunto attraverso la produzione di prodotti orticoli specializzati, come verdure esotiche, erbe aromatiche rare e fiori commestibili, che possono generare profitti più elevati e garantire la sostenibilità economica delle operazioni agricole.

In conclusione, l'orticoltura moderna presenta una serie di sfide e opportunità uniche che richiedono un approccio oculato e innovativo da parte degli orticoltori. Con una combinazione di pratiche agricole sostenibili, tecnologie avanzate e un'attenta pianificazione, è possibile superare le sfide e sfruttare appieno le opportunità offerte dall'orticoltura moderna per garantire la prosperità e la sostenibilità delle operazioni agricole.

II. Progettare il Tuo Orto: Scegliere il Sito e la Dimensione Giusta

1. Valutazione delle Condizioni Ambientali

Quando si valutano le condizioni ambientali per progettare un orto, è importante considerare anche la circolazione dell'aria nell'area designata. Una buona circolazione dell'aria è essenziale per favorire la salute delle piante, ridurre il rischio di malattie e promuovere la pollinizzazione.

Per ottimizzare la circolazione dell'aria, è consigliabile scegliere un sito per l'orto che sia aperto e non troppo confinato da edifici o alberi ad alto fusto che potrebbero ostacolare il flusso d'aria. Evitare di posizionare l'orto in aree naturalmente soggette a stagnazione dell'aria, come avvallamenti o zone molto ombreggiate.

Una strategia pratica per favorire la circolazione dell'aria è quella di pianificare la disposizione delle piante in modo che siano disposte in modo aperto e a una distanza sufficiente l'una dall'altra. Questo permette all'aria di fluire liberamente tra le piante, riducendo il rischio di malattie fungine e promuovendo una migliore ventilazione.

Inoltre, è possibile considerare l'installazione di strutture di supporto, come recinzioni a maglia aperta o pali di legno, che possono aiutare a dirigere il flusso d'aria attraverso l'orto. L'utilizzo di queste strutture può essere particolarmente utile in orti più grandi o in zone soggette a venti deboli.

Infine, è importante mantenere l'orto pulito e ben curato, rimuovendo regolarmente detriti vegetali e assicurandosi che le piante non siano troppo fitte o sovrapposte. Questo favorisce una migliore circolazione dell'aria e riduce il rischio di muffe e malattie.

Tenendo conto di queste considerazioni e applicando pratiche di progettazione che favoriscano una buona circolazione dell'aria, è possibile creare un ambiente ottimale per la crescita delle piante nell'orto.

2. Considerazioni per la Scelta del Terreno

Quando si sceglie il terreno per il proprio orto, è essenziale considerare una serie di fattori che influenzeranno la salute e la produttività delle piante. Una delle prime considerazioni da tenere presente è il tipo di terreno disponibile. Il terreno può variare notevolmente nelle sue caratteristiche fisiche e chimiche, influenzando la capacità delle piante di attingere ai nutrienti e all'acqua necessari per una crescita sana e robusta. Terreni argillosi, ad esempio, tendono ad avere una struttura compatta che può ostacolare il drenaggio e la circolazione dell'aria, mentre terreni sabbiosi possono drenare troppo rapidamente, lasciando le piante a rischio di disidratazione. Una valutazione accurata del terreno può essere effettuata attraverso test del suolo per determinare il pH, la composizione chimica e la struttura del terreno, fornendo preziose informazioni su come preparare il terreno per la coltivazione.

Oltre al tipo di terreno, è importante valutare anche la disponibilità di acqua nel sito scelto per l'orto. La vicinanza a una fonte d'acqua affidabile, come un rubinetto esterno o un sistema di irrigazione, è essenziale per garantire che le piante ricevano l'acqua di cui hanno bisogno durante i periodi di siccità o di crescita attiva. Inoltre, è importante considerare la capacità del terreno di trattenere l'umidità e il rischio di ristagno idrico, che può danneggiare le radici delle piante e favorire lo sviluppo di malattie fungine.

Un'altra considerazione importante per la scelta del terreno è la sua esposizione al sole. La maggior parte delle piante orticole richiede almeno 6-8 ore di luce solare diretta al giorno per una crescita ottimale, quindi è importante valutare attentamente l'esposizione al sole dell'area scelta per l'orto. Osservare il movimento del sole durante il giorno e identificare le zone più soleggiate e più ombreggiate dell'area può aiutare a determinare dove posizionare le diverse colture nell'orto per massimizzare la luce solare disponibile.

Infine, è importante valutare anche altri fattori ambientali, come la presenza di venti forti o di gelate tardive, che possono influenzare la crescita e lo sviluppo delle piante. Proteggere l'orto da elementi atmosferici avversi può essere fatto mediante l'installazione di barriere frangivento o l'utilizzo di coperture protettive durante i periodi di gelo.

Prendendo in considerazione queste diverse considerazioni per la scelta del terreno, è possibile creare un ambiente ottimale per la crescita delle piante nell'orto e massimizzare la produttività e la salute delle colture.

3. Dimensionamento dell'Orto in Base alle Esigenze

La dimensione dell'orto è un aspetto cruciale da considerare durante la fase di progettazione, poiché determinerà la quantità e la varietà di colture che è possibile coltivare con successo. La dimensione dell'orto dovrebbe essere adattata alle esigenze e alle capacità del coltivatore, tenendo conto di fattori come lo spazio disponibile, il tempo e l'energia dedicati alla manutenzione e il consumo previsto di prodotti orticoli.

Per determinare le dimensioni dell'orto, è utile iniziare con una valutazione realistica delle proprie esigenze alimentari e dei desideri culinari. Ad esempio, una famiglia più numerosa avrà bisogno di un orto più grande per soddisfare il fabbisogno alimentare, mentre una persona singola potrebbe optare per un'area più piccola. Inoltre, è importante considerare il tipo di colture che si desidera coltivare e la loro resa prevista per pianificare adeguatamente lo spazio necessario. Ad esempio, alcune piante, come pomodori o zucchine, richiedono molto spazio per crescere, mentre altre, come le erbe aromatiche o le insalate, possono essere coltivate con successo in spazi più limitati.

Oltre alle esigenze alimentari, è importante considerare anche altri fattori pratici nella determinazione delle dimensioni dell'orto. Ad esempio, è necessario tenere conto dello spazio disponibile nel proprio giardino o area di coltivazione e assicurarsi che l'orto non sia sovradimensionato rispetto alle dimensioni dell'area. Inoltre, è utile considerare il tempo e l'energia disponibili per la manutenzione dell'orto, poiché un orto più grande richiederà più lavoro per la semina, la cura e la raccolta delle piante.

Una strategia pratica per dimensionare l'orto in base alle proprie esigenze è quella di iniziare piccoli e gradualmente espandere l'area di coltivazione man mano che si acquista esperienza e fiducia nelle proprie capacità di giardinaggio. In questo modo, è possibile evitare di sovraccaricarsi eccessivamente e garantire una gestione efficace dell'orto nel lungo periodo.

In conclusione, dimensionare l'orto in base alle proprie esigenze è un passo fondamentale nella progettazione di un orto di successo. Tenendo conto delle proprie esigenze alimentari, delle risorse disponibili e delle capacità di giardinaggio, è possibile creare un orto che sia sia pratico che gratificante da coltivare.

4. Analisi della Disponibilità di Spazio

L'analisi della disponibilità di spazio è un passaggio cruciale nella progettazione di un orto efficiente e funzionale. Prima di avventurarsi nella scelta delle piante e nella pianificazione dettagliata delle coltivazioni, è essenziale valutare attentamente lo spazio disponibile e determinare come massimizzarne l'utilizzo in modo ottimale.

Una delle prime considerazioni da tenere presente durante l'analisi dello spazio è la sua forma e topografia. Terreni pianeggianti possono offrire più flessibilità nella disposizione delle coltivazioni, mentre terreni in pendenza possono richiedere terrazzamenti o altre tecniche di livellamento per rendere l'area adatta alla coltivazione. Inoltre, è importante considerare eventuali ostacoli o limitazioni fisiche, come alberi, rocce o edifici, che potrebbero influenzare la disposizione e la dimensione dell'orto.

Una volta valutata la forma e la topografia dello spazio disponibile, è possibile procedere con la suddivisione dell'area in zone funzionali per le diverse coltivazioni. Ad esempio, è possibile creare aree separate per le colture a radice, come le carote e le patate, dalle colture rampicanti, come i fagioli e i pomodori, al fine di ottimizzare lo spazio e semplificare la gestione dell'orto. Inoltre, è possibile pianificare l'uso di spazi verticali, come recinzioni o graticci, per coltivare piante rampicanti e sfruttare al meglio lo spazio disponibile.

Un altro aspetto importante da considerare durante l'analisi dello spazio è la rotazione delle colture e la successione delle piantagioni. Queste pratiche consentono di ottimizzare l'uso del terreno e di ridurre al minimo la diffusione di malattie e parassiti, consentendo alle piante di beneficiare dei nutrienti residui lasciati dalle colture precedenti. Prevedere uno schema di rotazione delle colture e di successione delle piantagioni può aiutare a pianificare con precisione lo spazio disponibile e a massimizzare la produttività dell'orto nel corso del tempo.

In conclusione, l'analisi della disponibilità di spazio è un passo fondamentale nella progettazione di un orto efficiente e produttivo. Tenendo conto della forma, della topografia e delle limitazioni fisiche dello spazio disponibile, è possibile pianificare con precisione la disposizione delle coltivazioni e massimizzare l'utilizzo dello spazio per ottenere un orto sano e prolifico.

5. Pianificazione della Distribuzione delle Colture

La pianificazione accurata della distribuzione delle colture nell'orto è un elemento chiave per massimizzare la produttività e ottimizzare l'utilizzo dello spazio disponibile. Questo processo coinvolge la scelta strategica delle posizioni delle diverse colture in base ai loro requisiti di crescita, alla loro compatibilità reciproca e alla rotazione delle colture.

Innanzitutto, è essenziale considerare i requisiti specifici di ciascuna coltura, tra cui l'esposizione alla luce solare, il fabbisogno idrico e le esigenze di nutrizione del suolo. Ad esempio, le colture che richiedono molta luce solare, come i pomodori e i peperoni, dovrebbero essere posizionate in aree dell'orto che ricevono almeno 6-8 ore di luce diretta al giorno. Allo stesso modo, le colture che richiedono un terreno ben drenato e ricco di sostanze nutritive, come le zucchine e le melanzane, dovrebbero essere coltivate in aree con terreno ben preparato e arricchito con compost o concimi organici.

Inoltre, è importante considerare la compatibilità reciproca delle diverse colture per massimizzare la produttività e ridurre il rischio di malattie e parassiti. La rotazione delle colture può aiutare a prevenire la diffusione di malattie e parassiti, poiché le piante sono spostate in aree diverse dell'orto ogni anno. Ad esempio, le colture appartenenti alla stessa famiglia botanica, come pomodori, peperoni e melanzane, dovrebbero essere ruotate ogni anno per prevenire l'accumulo di patogeni specifici delle solanacee nel terreno.

Un'altra strategia efficace per la pianificazione della distribuzione delle colture è quella di utilizzare il concetto di compagnia delle piante, che prevede la coltivazione di piante complementari vicine tra loro per ottenere benefici reciproci. Ad esempio, coltivare erbe aromatiche come la menta o il basilico vicino a piante di pomodoro può aiutare a respingere insetti nocivi e migliorare il gusto dei pomodori.

Infine, è importante pianificare la distribuzione delle colture in modo da massimizzare l'utilizzo dello spazio disponibile e ottimizzare la produzione complessiva dell'orto. Questo può includere la coltivazione di piante rampicanti su recinzioni o graticci per sfruttare lo spazio verticale, o l'intercalazione di colture a crescita rapida, come le insalate, tra piante più grandi per ottimizzare l'utilizzo dello spazio nel corso della stagione di crescita.

Pianificando attentamente la distribuzione delle colture in base ai loro requisiti di crescita, alla loro compatibilità reciproca e alla rotazione delle colture, è possibile creare un orto efficiente e produttivo che fornisca una varietà di prodotti orticoli sani e gustosi per tutta la stagione di crescita.

III. Preparare il Terreno: Terra, Compost e Altri Amendamenti

1. Valutazione della Qualità del Terreno

La valutazione della qualità del terreno è un passo fondamentale per garantire il successo dell'orto. Un terreno sano e fertile fornisce alle piante gli elementi nutritivi necessari per una crescita vigorosa e una produzione abbondante. Prima di iniziare qualsiasi attività di coltivazione, è importante esaminare attentamente il terreno per valutarne le caratteristiche fisiche e chimiche.

Una delle prime considerazioni nella valutazione del terreno è la sua struttura. Un terreno ideale dovrebbe essere ben aerato e friabile, consentendo alle radici delle piante di penetrare facilmente nel suolo e di accedere all'acqua e ai nutrienti. La compattazione del terreno può ostacolare la crescita delle radici e compromettere la salute delle piante, quindi è importante esaminare il terreno per individuare eventuali segni di compattazione e adottare misure correttive, come la lavorazione del terreno o l'aggiunta di materiale organico, per migliorarne la struttura.

Inoltre, è essenziale valutare il pH del terreno, che indica il livello di acidità o alcalinità del suolo. La maggior parte delle piante orticole preferisce un pH del terreno compreso tra 6,0 e 7,5, quindi è importante testare il pH del terreno e apportare eventuali correzioni se necessario, utilizzando prodotti correttivi come la calce dolomitica per aumentare il pH o lo zolfo per ridurlo.

La disponibilità di sostanze nutritive nel terreno è un altro aspetto cruciale da valutare. Un terreno ricco di sostanze nutritive fornisce alle piante gli elementi essenziali per la crescita, come azoto, fosforo e potassio, nonché microelementi come ferro, manganese e zinco. Effettuare un test del suolo per determinare i livelli di nutrienti disponibili nel terreno e apportare eventuali correzioni mediante l'aggiunta di concimi organici o chimici.

Infine, è importante esaminare il terreno per individuare eventuali problemi di drenaggio o ristagno idrico, che possono influenzare negativamente la crescita delle piante. Terreni eccessivamente drenanti possono richiedere l'aggiunta di compost o altri materiali organici per migliorare la ritenzione idrica, mentre terreni eccessivamente umidi possono richiedere il miglioramento del drenaggio mediante la creazione di letti rialzati o l'installazione di sistemi di drenaggio.

In conclusione, la valutazione della qualità del terreno è un passo essenziale nella preparazione dell'orto. Esaminare attentamente il terreno per valutarne la struttura, il pH, la disponibilità di nutrienti e il drenaggio aiuta a creare le condizioni ottimali per una crescita sana e produttiva delle piante nell'orto.

2. Creazione del Compost da Giardino

La creazione del compost da giardino è un'abilità fondamentale
per ogni giardiniere che desidera migliorare la salute del
proprio terreno e ottenere raccolti abbondanti e di qualità. Il
compostaggio è un processo naturale di decomposizione dei
materiali organici, come foglie, erba tagliata, scarti di cucina e
potature di piante, in un terreno scuro, ricco di sostanze
nutritive e materiale organico decomposto. La creazione del
compost è un processo relativamente semplice che richiede
solo alcuni strumenti di base e una buona gestione del materiale
organico.

Per iniziare a creare il proprio compost, è necessario disporre di
un contenitore o di un'apposita area nel giardino dedicata al
compostaggio. Questo può essere un semplice bidone da
compostaggio o una pila di compost all'aperto, a seconda dello
spazio e delle risorse disponibili. È importante posizionare il
contenitore o l'area di compostaggio in un'area ben drenata e
accessibile, preferibilmente in una zona parzialmente
ombreggiata per evitare che il compost si secchi troppo
rapidamente sotto il sole diretto.

Una volta individuato il sito per il compostaggio, è possibile
iniziare a raccogliere i materiali organici da compostare. Questi
possono includere foglie secche, erba tagliata, avanzi di cucina
come bucce di frutta e verdura, fondi di caffè e filtri, gusci
d'uovo schiacciati e potature di piante. È importante evitare di
aggiungere al compost materiali non compostabili come carne,
latticini, oli o prodotti di origine animale, poiché possono
attrarre animali indesiderati e causare cattivi odori.

Una volta raccolti i materiali organici, è possibile iniziare a stratificarli nel contenitore o nell'area di compostaggio. È utile alternare strati di materiali verdi, come erba tagliata e scarti di cucina freschi, con strati di materiali marroni, come foglie secche e paglia, per favorire la decomposizione aerobica e evitare cattivi odori. È anche consigliabile girare e girare il compost regolarmente per favorire una decomposizione uniforme e aerobica.

Durante il processo di compostaggio, è importante mantenere il compost umido ma non troppo bagnato, aggiungendo acqua se necessario per mantenere un'umidità adeguata. Inoltre, è possibile accelerare il processo di decomposizione aggiungendo un acceleratore di compostaggio naturale, come letame maturo o una miscela di azoto e carbonio, per fornire nutrimento ai microrganismi decompositori.

Infine, è importante monitorare il compost regolarmente per assicurarsi che stia decomponendosi correttamente e correggere eventuali problemi che potrebbero sorgere, come cattivi odori o eccessiva umidità. Una volta che il compost è completamente decomposto e ha assunto un aspetto scuro e terriccio, è pronto per essere utilizzato come fertilizzante naturale e nutriente per il terreno dell'orto, migliorando la sua struttura, la sua fertilità e la sua salute complessiva.

3. Selezione e Applicazione degli Amendamenti del Suolo

La selezione e l'applicazione degli amendamenti del suolo sono fasi cruciali nella preparazione di un terreno fertile e sano per l'orto. Gli amendamenti del suolo sono sostanze aggiunte al terreno per migliorarne la struttura, la fertilità e la capacità di trattenere acqua e nutrienti. La scelta degli amendamenti giusti dipende dalle esigenze specifiche del terreno e delle piante da coltivare, nonché dalle condizioni locali e dalle risorse disponibili.

Uno degli amendamenti più comuni e benefici per il suolo è il compost organico, che fornisce una vasta gamma di nutrienti essenziali per le piante, migliora la struttura del terreno e aumenta la sua capacità di trattenere acqua. Il compost può essere applicato al terreno in vari modi, tra cui la distribuzione uniforme sulla superficie del terreno o l'incorporazione nel terreno tramite zappatura o aratura. L'uso regolare del compost può portare a una significativa miglioramento della fertilità del terreno nel tempo.

Un altro amendamento popolare è la torba o il torbino, che è particolarmente utile per migliorare la struttura dei terreni argillosi, aumentando il drenaggio e l'aerazione del suolo. La torba può essere applicata al terreno in modo simile al compost, distribuendola uniformemente sulla superficie del terreno o incorporandola nel terreno. È importante notare che la torba è una risorsa non rinnovabile e il suo utilizzo dovrebbe essere limitato o evitato quando possibile.

Per i terreni acidi, l'aggiunta di calcare o farina di ossa può
aiutare a neutralizzare il pH del suolo e rendere il terreno più
adatto alla coltivazione di una vasta gamma di piante orticole.
Il calcare può essere applicato al terreno in autunno o
primavera, seguendo le raccomandazioni specifiche sulla
quantità da applicare in base al pH del suolo e al tipo di
coltivazioni previste.

Per i terreni poveri di nutrienti, l'applicazione di concimi
organici o chimici può essere necessaria per fornire alle piante
gli elementi nutritivi di cui hanno bisogno per una crescita sana
e produttiva. I concimi organici, come il letame maturo, il
compost di lombrico o la farina di pesce, sono preferibili
perché forniscono una vasta gamma di nutrienti e migliorano la
struttura del suolo nel lungo periodo. I concimi chimici, come i
fertilizzanti NPK, possono essere utilizzati in caso di carenze
nutrienti acute o per fornire un rapido apporto di nutrienti alle
piante durante la stagione di crescita.

In conclusione, la selezione e l'applicazione degli amendamenti
del suolo sono passaggi fondamentali nella preparazione di un
terreno fertile e sano per l'orto. Scegliere gli amendamenti
giusti in base alle esigenze specifiche del terreno e delle piante
da coltivare può portare a una crescita più vigorosa, una
produzione più abbondante e una migliore salute complessiva
del giardino.

4. Tecniche di Aratura e Zappatura del Terreno

Le tecniche di aratura e zappatura del terreno sono
fondamentali per preparare il terreno dell'orto prima della
semina o del trapianto delle piante. Questi processi aiutano a
rompere il terreno compatto, migliorare la struttura del suolo,
incorporare materiale organico e concimi, e eliminare le
infestanti.

La zappatura è una pratica tradizionale che coinvolge l'uso di una zappa o di un'altra attrezzatura apposita per rivoltare e smuovere il terreno. Questo processo rompe i grumi di terra e rompe la compattazione del terreno, consentendo alle radici delle piante di penetrare facilmente nel suolo e di accedere all'acqua e ai nutrienti. Durante la zappatura, è importante lavorare il terreno in profondità, cercando di raggiungere almeno 20-30 centimetri di profondità per favorire una buona crescita delle radici.

L'aratura è una tecnica più invasiva rispetto alla zappatura e coinvolge l'uso di un aratro o di una motozappa per lavorare il terreno in profondità. Questo processo è particolarmente utile per la preparazione di terreni molto compatti o pesanti, poiché permette di rompere e rivoltare lo strato superiore del suolo in modo più efficace. Durante l'aratura, è importante lavorare il terreno in modo uniforme e evitare di passare più volte sulla stessa area per evitare di danneggiare la struttura del suolo.

Una pratica comune durante l'aratura o la zappatura è l'aggiunta di materiale organico come compost, letame maturo o foglie decomposte. Questo materiale fornisce nutrienti alle piante e migliora la struttura del suolo nel lungo periodo. Durante il processo, è possibile incorporare il materiale organico direttamente nel terreno o applicarlo come un sottile strato sulla superficie del terreno prima di zappare o arare.

È importante notare che l'aratura e la zappatura possono disturbare l'habitat del suolo e interrompere il ciclo di vita di microrganismi benefici come batteri e funghi che contribuiscono alla salute del suolo. Pertanto, è consigliabile limitare la frequenza e l'intensità di questi processi, evitando di lavorare il terreno quando è troppo umido o quando non è necessario.

In conclusione, le tecniche di aratura e zappatura del terreno sono importanti per preparare il terreno dell'orto prima della semina o del trapianto delle piante. Utilizzando gli strumenti giusti e seguendo le pratiche corrette, è possibile migliorare la struttura del suolo, incorporare materiale organico e concimi, e ridurre la presenza di infestanti, creando le condizioni ottimali per una crescita sana e vigorosa delle piante nell'orto.

5. Monitoraggio e Manutenzione della Salute del Terreno

Il monitoraggio e la manutenzione della salute del terreno sono processi continuativi e fondamentali per garantire il successo a lungo termine del proprio orto. Queste pratiche consentono di valutare costantemente lo stato del suolo, di identificare eventuali problemi precocemente e di adottare misure correttive tempestive per preservare la fertilità e la vitalità del terreno.

Un aspetto cruciale del monitoraggio della salute del terreno è la valutazione della sua struttura e della sua consistenza. Un terreno sano dovrebbe essere ben aerato e friabile, consentendo alle radici delle piante di crescere liberamente e di accedere facilmente all'acqua e ai nutrienti. Durante la stagione di crescita, è importante controllare regolarmente il terreno per individuare eventuali segni di compattazione, che possono essere causati dall'uso eccessivo o dalla manipolazione del terreno. In caso di compattazione, è possibile adottare misure correttive come la zappatura o l'aratura per rompere il terreno e migliorare la sua struttura.

Un altro aspetto chiave del monitoraggio della salute del terreno è il controllo del pH e della fertilità del suolo. Il pH del terreno influisce sulla disponibilità di nutrienti per le piante e può influenzare la loro crescita e il loro sviluppo. Durante la stagione di crescita, è consigliabile effettuare regolarmente test del suolo per valutare il pH e apportare eventuali correzioni se necessario, utilizzando prodotti correttivi come la calce dolomitica per aumentare il pH o lo zolfo per ridurlo. Inoltre, è importante monitorare i livelli di nutrienti nel terreno e apportare eventuali correzioni mediante l'applicazione di concimi organici o chimici, se necessario.

Il monitoraggio della salute del terreno include anche la valutazione della presenza di infestanti e patogeni del suolo che possono compromettere la crescita e la salute delle piante nell'orto. Durante la stagione di crescita, è importante controllare regolarmente il terreno per individuare eventuali segni di infestazione da parte di infestanti o patogeni del suolo, come malattie fungine o nematodi. In caso di infestazioni, è possibile adottare misure correttive come l'uso di pratiche culturali, l'applicazione di trattamenti biologici o l'uso di prodotti fitosanitari per ridurre il rischio di danni alle piante.

Infine, il monitoraggio della salute del terreno include anche la gestione dell'umidità e del drenaggio del suolo. Durante la stagione di crescita, è importante controllare regolarmente il terreno per garantire che mantenga un'umidità ottimale per le piante e che il drenaggio sia efficace per evitare ristagni idrici. In caso di eccesso di umidità o problemi di drenaggio, è possibile adottare misure correttive come l'installazione di sistemi di drenaggio o l'uso di letti rialzati per migliorare il drenaggio e prevenire problemi di marciume delle radici.

In conclusione, il monitoraggio e la manutenzione della salute del terreno sono pratiche essenziali per garantire il successo a lungo termine del proprio orto. Con il monitoraggio costante e l'adozione di misure correttive tempestive, è possibile preservare la fertilità e la vitalità del terreno, garantendo una crescita sana e vigorosa delle piante nell'orto.

IV. Strumenti Essenziali per l'Orto: Guida alla Selezione e Utilizzo

1. Scelta dei Migliori Attrezzi da Giardino

La scelta dei migliori attrezzi da giardino è un passaggio cruciale per garantire un'esperienza di coltivazione efficiente ed efficace. Diversi tipi di attrezzi sono disponibili sul mercato, ognuno progettato per svolgere specifiche funzioni e adattarsi a diverse esigenze di giardinaggio. La selezione degli attrezzi giusti dipende da diversi fattori, tra cui le dimensioni del giardino, il tipo di terreno, le colture da coltivare e le preferenze personali dell'orticoltore.

Per iniziare, è importante considerare la qualità degli attrezzi. Gli attrezzi di alta qualità, realizzati con materiali resistenti e duraturi come acciaio inossidabile o leghe di alluminio, sono fondamentali per garantire prestazioni ottimali nel tempo e ridurre la necessità di sostituzioni frequenti. Inoltre, gli attrezzi con impugnature ergonomiche e antiscivolo offrono maggiore comfort durante l'uso prolungato, riducendo il rischio di affaticamento e lesioni alle mani.

Una volta valutata la qualità degli attrezzi, è importante considerare le esigenze specifiche del giardino. Ad esempio, per un orto di piccole dimensioni o per giardini in vaso, potrebbero essere sufficienti attrezzi manuali leggeri come rastrelli, zappe a mano e coltelli per la semina. Per giardini più ampi o terreni pesanti, potrebbero essere necessari attrezzi più robusti e potenti come zappatrici o motozappe.

Inoltre, è importante scegliere attrezzi che soddisfino le esigenze delle colture specifiche. Ad esempio, per la coltivazione di piante rampicanti come pomodori o fagioli, potrebbero essere necessari supporti o recinzioni per il sostegno delle piante. Per la raccolta delle verdure, attrezzi come cesoie per l'orticoltura o coltelli da giardino possono essere utili per garantire una raccolta efficiente e delicata.

Infine, è importante considerare il budget disponibile per l'acquisto degli attrezzi. Mentre gli attrezzi di alta qualità possono essere più costosi inizialmente, possono offrire un valore a lungo termine grazie alla loro durata e prestazioni superiori. Tuttavia, esistono anche opzioni più economiche disponibili sul mercato che possono essere adatte per chi ha un budget limitato.

In conclusione, la scelta dei migliori attrezzi da giardino è un passaggio fondamentale per garantire il successo e la soddisfazione nell'orto. Prendendo in considerazione la qualità, le esigenze specifiche del giardino, le colture da coltivare e il budget disponibile, è possibile selezionare gli attrezzi più adatti per ottenere risultati ottimali e godere appieno dell'esperienza di giardinaggio.

2. Utilizzo Efficace degli Attrezzi Manuali

L'utilizzo efficace degli attrezzi manuali è fondamentale per ottenere risultati ottimali nel giardinaggio. Gli attrezzi manuali includono una vasta gamma di strumenti progettati per svolgere una serie di compiti, come la semina, la piantagione, il disboscamento, la potatura e la raccolta. Imparare a utilizzare questi attrezzi in modo corretto ed efficiente può fare la differenza tra un orto prosperoso e uno che fatica a crescere.

Prima di utilizzare gli attrezzi manuali, è importante assicurarsi di avere una buona comprensione delle loro funzioni e delle tecniche corrette per utilizzarli. Ogni attrezzo ha un uso specifico e richiede una tecnica appropriata per massimizzarne l'efficacia. Ad esempio, una zappa a mano è ideale per rimuovere le erbacce intorno alle piante, ma è importante evitare di danneggiare le radici delle piante durante il processo. Utilizzare un movimento rotatorio e controllato per rimuovere le erbacce senza disturbare le piante circostanti.

Un altro aspetto importante dell'utilizzo efficace degli attrezzi manuali è la manutenzione adeguata. Gli attrezzi manuali devono essere tenuti affilati e puliti per garantire prestazioni ottimali. Periodicamente, è necessario affilare le lame dei coltelli, delle cesoie e delle seghe per assicurarsi che taglino pulitamente e senza sforzo. Inoltre, è importante pulire gli attrezzi dopo ogni utilizzo per rimuovere residui di terra e umidità che potrebbero causare ruggine o corrosione nel tempo.

Un'altra considerazione importante è l'ergonomia degli attrezzi manuali. Gli attrezzi ergonomici sono progettati per ridurre l'affaticamento e prevenire lesioni durante l'uso prolungato. Assicurarsi di scegliere attrezzi con impugnature comode e antiscivolo che si adattino bene alla mano, riducendo lo sforzo e migliorando il controllo durante l'uso.

Infine, è importante adottare un approccio sicuro durante l'utilizzo degli attrezzi manuali. Prestare sempre attenzione a dove si posizionano le mani e i piedi durante l'uso degli attrezzi per evitare lesioni accidentali. Inoltre, è importante mantenere gli attrezzi lontani dalla portata dei bambini e utilizzarli solo per i compiti per cui sono stati progettati.

In conclusione, utilizzare efficacemente gli attrezzi manuali è essenziale per ottenere successo nel giardinaggio. Con una comprensione chiara delle funzioni degli attrezzi, delle tecniche corrette per utilizzarli, una manutenzione adeguata, attenzione all'ergonomia e sicurezza durante l'uso, è possibile massimizzare l'efficacia degli attrezzi manuali e ottenere risultati ottimali nel proprio orto.

3. Selezione dei Giusti Strumenti da Taglio

La selezione dei giusti strumenti da taglio è cruciale per garantire una potatura precisa e efficace delle piante nel proprio orto. Diversi tipi di strumenti da taglio sono disponibili sul mercato, ognuno progettato per adattarsi a diverse esigenze di potatura e per trattare una varietà di piante in modo appropriato. La scelta dei giusti strumenti da taglio dipende da diversi fattori, tra cui il tipo di pianta da potare, lo spessore dei rami, la precisione richiesta e le preferenze personali dell'orticoltore.

Per iniziare, è importante considerare il tipo di potatura da eseguire. Gli strumenti da taglio possono essere classificati in base alla loro funzione principale, che include potatura di formazione, potatura di manutenzione, potatura di riduzione e potatura di eliminazione. Ad esempio, per la potatura di formazione di giovani alberi o arbusti, possono essere utilizzate forbici da potatura o cesoie a lama bypass per tagliare con precisione i rami più piccoli e promuovere una crescita sana e strutturata. Per la potatura di riduzione, che coinvolge la rimozione di rami più grandi per ridurre l'ingombro o migliorare l'aerazione, possono essere necessarie seghe da potatura o tronchesi per tagliare rami più spessi con facilità e precisione.

Oltre alla funzione di potatura, è importante considerare la qualità degli strumenti da taglio. Gli strumenti di alta qualità, realizzati con materiali resistenti e lame affilate, offrono prestazioni superiori e una maggiore durata nel tempo. Assicurarsi di scegliere strumenti con lame in acciaio temprato o al carbonio per garantire tagli netti e precisi senza danneggiare la pianta. Inoltre, è importante selezionare strumenti con un meccanismo di chiusura sicuro e una buona ergonomia per ridurre l'affaticamento durante l'uso prolungato.

Un altro aspetto da considerare nella selezione degli strumenti da taglio è la facilità d'uso e la manutenzione. Gli strumenti con meccanismi di apertura e chiusura semplici e comodi sono più facili da maneggiare e riducono il rischio di lesioni durante l'uso. Inoltre, è importante prestare attenzione alla manutenzione degli strumenti da taglio, assicurandosi di affilarli regolarmente e di pulirli dopo ogni utilizzo per garantire prestazioni ottimali e prevenire la ruggine o la corrosione.

Infine, è importante considerare la sicurezza durante l'uso degli strumenti da taglio. Utilizzare sempre occhiali protettivi e guanti durante la potatura per proteggere gli occhi e le mani da eventuali detriti o lesioni accidentali. Prestare attenzione ai rami instabili o pericolosi durante la potatura e utilizzare sempre gli strumenti in modo responsabile e con attenzione.

In conclusione, la selezione dei giusti strumenti da taglio è essenziale per ottenere risultati ottimali nella potatura delle piante nel proprio orto. Con una comprensione chiara delle diverse opzioni disponibili, delle esigenze specifiche di potatura, della qualità degli strumenti e della sicurezza durante l'uso, è possibile scegliere gli strumenti più adatti e ottenere una potatura efficace e sicura delle piante nel proprio orto.

4. Ruolo e Applicazione degli Attrezzi da Scavo

I attrezzi da scavo sono fondamentali per la preparazione del terreno e la messa a dimora delle piante nel giardino. Ogni attrezzo ha una funzione specifica e un ruolo distintivo nella lavorazione del terreno, contribuendo a creare le condizioni ottimali per la crescita delle piante. La scelta degli attrezzi da scavo giusti dipende dalle dimensioni del giardino, dal tipo di terreno e dalle colture da coltivare.

Uno degli attrezzi da scavo più comuni è la vanga, utilizzata per scavare buche per le piante o per rimuovere erbacce e detriti dal terreno. Le vanghe possono essere dotate di lame lisce o dentate, a seconda delle esigenze di scavo e del tipo di terreno. Per terreni più duri o compatte, possono essere utilizzati picconi o zappe a punta per rompere il suolo e preparare il terreno per la semina o la trapiantatura.

Un altro strumento essenziale è la paletta, ideale per scavare buche per le piante in spazi ristretti o per lavorare il terreno intorno alle piante esistenti senza danneggiarle. Le palette possono essere dotate di lame quadrate o rotonde, a seconda delle esigenze di scavo e del tipo di terreno. Per terreni più argillosi o pesanti, possono essere utilizzate zappette o vanghe a punta per rompere il suolo e facilitare la lavorazione del terreno.

Oltre alle vanghe e alle palette, altri attrezzi da scavo includono rastrelli, forconi da giardino e rastrelli a denti per livellare il terreno, rimuovere detriti e preparare il letto di semina. I forconi da giardino sono particolarmente utili per allentare il terreno e migliorare il drenaggio intorno alle piante. I rastrelli a denti possono essere utilizzati per rompere i grumi di terra e livellare il terreno prima della semina o della trapiantatura.

Per gli orticoltori più avanzati, sono disponibili attrezzi specializzati come i bulbi a doppia elica per perforare il terreno e creare buche per la messa a dimora dei bulbi o dei tuberi. I bulbi a doppia elica permettono di creare buche uniformi e profonde senza danneggiare le radici delle piante circostanti, facilitando la preparazione del terreno per la messa a dimora.

In conclusione, i attrezzi da scavo svolgono un ruolo essenziale nella preparazione del terreno e nella messa a dimora delle piante nel giardino. Con una selezione appropriata di attrezzi da scavo e una corretta tecnica di utilizzo, è possibile preparare il terreno in modo efficace e creare le condizioni ideali per una crescita sana e vigorosa delle piante nel proprio orto.

5. Manutenzione e Conservazione degli Strumenti da Giardino

La manutenzione e la conservazione degli strumenti da giardino sono cruciali per garantire prestazioni ottimali e una maggiore durata nel tempo. Una corretta cura degli attrezzi da giardino non solo prolunga la loro vita utile, ma contribuisce anche a migliorare la sicurezza durante l'uso e l'efficacia nel lavoro di giardinaggio.

La prima fase della manutenzione degli strumenti da giardino consiste nella pulizia regolare dopo ogni utilizzo. Rimuovere eventuali residui di terra, erbacce o detriti dalle lame e dalle superfici degli attrezzi aiuta a prevenire la corrosione e la formazione di ruggine. Utilizzare una spazzola dura o un panno umido per pulire accuratamente gli attrezzi e asciugarli completamente prima di riporli.

Inoltre, è importante affilare regolarmente le lame degli attrezzi da giardino per garantire tagli netti e precisi. Le lame smussate possono danneggiare le piante e richiedere uno sforzo maggiore durante l'utilizzo degli attrezzi. Utilizzare una pietra per affilare o una lima per riaffilare le lame delle forbici da potatura, delle cesoie, delle seghe e degli altri attrezzi da taglio.

Oltre alla pulizia e all'affilatura, è consigliabile lubrificare le parti mobili degli attrezzi da giardino per garantire un funzionamento fluido e senza intoppi. Applicare una piccola quantità di lubrificante o olio penetrante alle giunture e ai meccanismi di apertura e chiusura degli attrezzi, come cesoie e forbici, per ridurre l'attrito e l'usura delle parti metalliche.

Per prevenire la corrosione e la ruggine, è consigliabile conservare gli attrezzi da giardino in un luogo asciutto e ben ventilato. Evitare di lasciare gli attrezzi esposti agli agenti atmosferici o all'umidità e riporli in un luogo riparato, come un capannone o un garage, quando non sono in uso. Utilizzare anche custodie o contenitori per proteggere gli attrezzi dagli urti e dalle cadute durante il trasporto o la conservazione.

Infine, è importante ispezionare regolarmente gli attrezzi da giardino per individuare eventuali segni di usura, danni o parti danneggiate. Sostituire tempestivamente le parti danneggiate o usurati per garantire prestazioni ottimali e sicurezza durante l'uso degli attrezzi.

In conclusione, una corretta manutenzione e conservazione degli strumenti da giardino sono fondamentali per garantire prestazioni ottimali, sicurezza e durata nel tempo. Con una routine di pulizia, affilatura, lubrificazione e conservazione adeguata, è possibile preservare gli attrezzi da giardino e ottenere risultati eccellenti nel proprio orto.

V. Pianificazione del Raccolto: Rotazione e Successione delle Colture

1. Importanza della Rotazione delle Colture

La rotazione delle colture è un principio fondamentale nell'orticoltura, essenziale per mantenere la fertilità del suolo, prevenire malattie e infestazioni da parte di parassiti, e massimizzare il rendimento delle coltivazioni. Questo processo prevede la pianificazione e la variazione delle colture coltivate su un determinato appezzamento di terreno in modo sequenziale e regolare. L'obiettivo principale della rotazione delle colture è ridurre al minimo l'esaurimento del suolo e migliorare la salute complessiva del sistema agricolo.

La rotazione delle colture offre numerosi benefici, tra cui la riduzione del rischio di malattie e infestazioni di parassiti. Coltivando specie diverse in sequenza, si interrompe il ciclo di vita di patogeni e parassiti specifici, poiché molte di queste creature dipendono dalla presenza continua delle stesse colture per sopravvivere e proliferare. Inoltre, alcune piante possono rilasciare sostanze chimiche nel terreno che ostacolano la crescita di parassiti specifici, una pratica nota come "allelopatia", che può essere sfruttata nella pianificazione della rotazione delle colture.

Oltre alla gestione delle malattie e dei parassiti, la rotazione delle colture contribuisce anche a migliorare la struttura del suolo e la sua fertilità. Le diverse piante hanno esigenze nutrizionali diverse e interagiscono con il terreno in modi unici. Ad esempio, le leguminose, come i fagioli e i piselli, hanno la capacità di fissare l'azoto atmosferico nel suolo, arricchendolo di questo nutriente essenziale per la crescita delle piante. Allo stesso tempo, altre colture possono estrarre nutrienti specifici dal terreno, evitando l'esaurimento delle risorse e garantendo una fornitura equilibrata di sostanze nutritive per le colture successive.

Un altro vantaggio importante della rotazione delle colture è la promozione della biodiversità nell'orto. Coltivando una vasta gamma di piante, si crea un ambiente più ricco e resistente alle malattie e alle condizioni climatiche avverse. Inoltre, la diversità delle colture può attrarre una maggiore varietà di insetti benefici, come predatori naturali di parassiti, che contribuiscono al controllo biologico delle infestazioni.

In conclusione, la rotazione delle colture è un pilastro dell'orticoltura sostenibile, offrendo una serie di vantaggi che contribuiscono alla salute del suolo, alla prevenzione delle malattie e all'ottimizzazione del rendimento delle coltivazioni. La sua corretta implementazione richiede una pianificazione oculata e la conoscenza delle esigenze specifiche delle diverse specie coltivate, ma i risultati sono ben meritevoli dell'impegno dedicato.

2. Strategie per una Rotazione Efficace

Per implementare con successo una rotazione delle colture efficace, è fondamentale adottare una serie di strategie mirate che tengano conto delle esigenze specifiche delle diverse piante, delle caratteristiche del terreno e delle condizioni climatiche locali. Una delle prime strategie consiste nel dividere l'area dell'orto in settori o letti di coltivazione, ognuno dei quali ospita un gruppo di colture che saranno ruotate secondo uno schema prestabilito. Questo permette di organizzare e pianificare la rotazione in modo ordinato e pratico, facilitando il monitoraggio e la gestione delle coltivazioni.

Un'altra strategia chiave è la classificazione delle colture in base alla loro famiglia botanica e alle loro esigenze nutrizionali. Le piante appartenenti alla stessa famiglia spesso condividono caratteristiche simili e possono essere suscettibili alle stesse malattie e parassiti. Di conseguenza, evitare di piantare colture della stessa famiglia nello stesso letto per più stagioni consecutive aiuta a prevenire la proliferazione di patogeni specifici e favorisce una migliore salute delle piante.

È inoltre consigliabile adottare una rotazione delle colture triennale, che preveda la suddivisione delle colture in gruppi in base alle loro esigenze di nutrizione e alle loro caratteristiche di crescita. Ad esempio, un gruppo può includere colture ad alto fabbisogno di azoto, come mais e pomodori, mentre un altro gruppo può consistere in leguminose come fagioli e piselli, che aiutano a fissare l'azoto nel terreno. Questo schema di rotazione triennale consente di massimizzare l'efficienza nell'uso delle risorse del suolo e di fornire un'adeguata fertilità per le colture successive.

Inoltre, è importante considerare le colture di copertura e il compostaggio come parte integrante della rotazione delle colture. Le colture di copertura, come la veccia, la facelia e la senape, vengono piantate durante i periodi in cui il terreno non è utilizzato per la coltivazione principale al fine di proteggere il suolo dall'erosione, migliorare la struttura del terreno e sopprimere le infestanti. Allo stesso modo, il compostaggio fornisce un modo efficace per riciclare i rifiuti vegetali e animali dell'orto, producendo compost ricco di sostanze nutritive che può essere utilizzato per arricchire il terreno e migliorare la fertilità.

Infine, è consigliabile tenere un registro dettagliato delle colture coltivate e delle relative posizioni nell'orto, così da poter pianificare una rotazione efficace e prevenire la ripetizione delle stesse colture negli stessi letti per più stagioni consecutive. Questo permette di mantenere la diversità delle piante e di massimizzare i benefici della rotazione delle colture nel lungo termine.

3. Approccio alla Successione delle Colture

L'approccio alla successione delle colture è una pratica chiave nell'orto che consiste nel pianificare e coltivare una serie di colture in successione, sfruttando al massimo lo spazio disponibile e massimizzando il rendimento complessivo dell'area coltivata. Questo metodo prevede di piantare una nuova coltura immediatamente dopo il raccolto della precedente, sfruttando al meglio le risorse del suolo e garantendo una produzione continua di ortaggi freschi per tutta la stagione di crescita.

Una strategia comune nell'approccio alla successione delle colture è quella di piantare colture stagionali in successione, sfruttando al meglio i diversi periodi di crescita e le esigenze climatiche delle piante. Ad esempio, durante i mesi più freddi, è possibile coltivare verdure a foglia verde come spinaci e lattuga, che prosperano in condizioni fresche, mentre durante i mesi più caldi si possono coltivare colture estive come pomodori, peperoni e zucchine, che richiedono temperature più elevate per crescere e produrre frutti abbondanti.

Un'altra considerazione importante nell'approccio alla successione delle colture è la rotazione dei gruppi di colture in base alle loro esigenze nutrizionali e ai loro effetti sul terreno. Ad esempio, coltivare piante leguminose come fagioli e piselli dopo colture ad alto fabbisogno di azoto come mais e pomodori può aiutare a ripristinare i livelli di azoto nel terreno grazie alla capacità delle leguminose di fissare l'azoto atmosferico. Allo stesso modo, alternare colture ad alto fabbisogno di nutrienti con colture a crescita leggera aiuta a prevenire l'esaurimento del suolo e a mantenerne la fertilità nel tempo.

Un'altra tecnica utile nell'approccio alla successione delle colture è quella di utilizzare colture di copertura tra le stagioni principali di coltivazione per mantenere attivo il suolo e proteggerlo dall'erosione. Le colture di copertura come la veccia, la facelia e la senape possono essere seminate durante i periodi in cui il terreno non è utilizzato per la coltivazione principale e poi lavorate nel terreno alla fine della loro stagione di crescita per migliorare la sua struttura e fertilità.

Infine, è importante pianificare attentamente la successione
delle colture tenendo conto delle esigenze specifiche delle
piante, delle condizioni del terreno e del clima locale.
Mantenere un calendario dettagliato delle semine e dei trapianti
aiuta a garantire una transizione fluida tra le colture e a
massimizzare il rendimento complessivo dell'orto.

4. Tecniche per Ottimizzare la Successione delle Colture

Per ottimizzare la successione delle colture e garantire
un'efficienza ottimale nell'utilizzo dello spazio e delle risorse, è
essenziale adottare una serie di tecniche pratiche e strategie
mirate. Una delle tecniche più efficaci è quella di utilizzare
colture complementari, che sono in grado di beneficiare
reciprocamente l'una dall'altra quando coltivate in successione.
Ad esempio, piantare piante aromatiche come la menta o la
salvia vicino alle piante di pomodoro può aiutare a respingere
gli insetti nocivi, mentre coltivare lattuga o spinaci sotto piante
di pomodoro può proteggere il terreno dall'eccessiva
esposizione al sole.

Un'altra tecnica utile è quella di pianificare con cura la
successione delle colture in modo da sfruttare al massimo i
diversi livelli di crescita delle piante. Ad esempio, è possibile
piantare colture a crescita rapida come ravanelli o lattuga tra le
file di colture più lente come pomodori o zucchine, in modo
che le prime possano essere raccolte prima che le seconde
raggiungano la loro piena maturità. Questo permette di
massimizzare l'utilizzo dello spazio e di garantire una
produzione continua di ortaggi freschi per tutta la stagione.

Inoltre, è importante prendere in considerazione la successione delle colture in relazione alle esigenze nutrizionali del suolo e alla sua fertilità. Ad esempio, coltivare piante leguminose come fagioli o lenticchie dopo colture ad alto fabbisogno di azoto come mais o pomodori può contribuire a arricchire il terreno di azoto, migliorando così la fertilità del suolo per le colture successive. Allo stesso modo, alternare colture a foglia verde con colture a radice può aiutare a mantenere un equilibrio nutrizionale nel terreno e prevenire l'esaurimento dei nutrienti.

Infine, è consigliabile utilizzare la tecnica del trapianto successivo per ottimizzare lo spazio e garantire una produzione continua di ortaggi per tutta la stagione. Questo metodo prevede di seminare o piantare le piante in vasi o contenitori separati prima di trapiantarle direttamente nel terreno una volta che lo spazio è disponibile. Questo permette di coltivare piante in vaso in attesa che lo spazio nel giardino si liberi, consentendo così una pianificazione più flessibile e una gestione ottimale delle risorse disponibili.

5. Sfide e Soluzioni nella Pianificazione del Raccolto

Nella pianificazione del raccolto, possono emergere diverse sfide che richiedono soluzioni mirate per garantire il successo dell'orto e la massimizzazione della produzione. Una delle principali sfide è rappresentata dalla gestione delle malattie delle piante e degli insetti nocivi, che possono compromettere la salute e la resa delle colture. Per affrontare questa sfida, è fondamentale adottare pratiche colturali preventive, come la rotazione delle colture, l'uso di piante companion e il mantenimento di un ambiente equilibrato e sano nel giardino. Inoltre, è possibile utilizzare rimedi naturali e biologici come estratti di piante, oli essenziali e insetti benefici per tenere sotto controllo le infestazioni e prevenire la diffusione delle malattie.

Un'altra sfida comune è rappresentata dalla gestione dell'acqua, specialmente in climi aridi o durante periodi di siccità. Per affrontare questa sfida, è consigliabile adottare pratiche di irrigazione efficienti, come l'irrigazione a goccia o il mulching, che aiutano a conservare l'umidità nel terreno e ridurre lo spreco di acqua. Inoltre, è possibile utilizzare sistemi di raccolta dell'acqua piovana e tecnologie di irrigazione intelligente per ottimizzare l'uso delle risorse idriche disponibili e garantire una fornitura costante di acqua alle piante durante tutto il ciclo di crescita.

Un'altra sfida importante è rappresentata dalla gestione del suolo e della fertilità, specialmente in terreni poveri o degradati. Per affrontare questa sfida, è consigliabile utilizzare compost e altri amendamenti organici per migliorare la struttura e la fertilità del terreno, fornendo alle piante i nutrienti necessari per una crescita sana e vigorosa. Inoltre, è possibile praticare la copertura del suolo e la coltivazione di piante da sovescio per proteggere il terreno dall'erosione e arricchirlo di materia organica, migliorando così la sua capacità di trattenere acqua e nutrienti.

Infine, una sfida importante è rappresentata dalla gestione del tempo e delle risorse, specialmente per i giardinieri alle prime armi o con poco tempo a disposizione. Per affrontare questa sfida, è consigliabile pianificare attentamente la stagione di crescita delle colture, tenendo conto dei tempi di semina, trapianto e raccolto, e utilizzare strumenti di pianificazione come calendari colturali e quaderni di giardinaggio per tenere traccia delle attività da svolgere. Inoltre, è possibile ottimizzare lo spazio e le risorse disponibili utilizzando tecniche di coltivazione compatte e sistemi di orto verticale, che consentono di coltivare una vasta gamma di ortaggi in spazi limitati.

VI. Semina e Trapianto: Tecniche Efficaci per un Buon Avvio

1. Scelta delle Varietà Ottimali

La scelta delle varietà ottimali è un passo fondamentale nella creazione di un orto produttivo e gratificante. Le varietà di piante differiscono non solo nel gusto e nell'aspetto, ma anche nelle loro esigenze di crescita e nella loro resistenza alle condizioni ambientali. Quando si selezionano le varietà da coltivare, è importante prendere in considerazione diversi fattori, tra cui il clima locale, la disponibilità di spazio e la preferenza personale. Ad esempio, in un clima caldo e soleggiato, potrebbe essere preferibile scegliere varietà di pomodori resistenti al calore, mentre in un clima più fresco potrebbero essere più adatte varietà che maturano più lentamente.

Inoltre, è importante considerare la dimensione dell'orto e lo spazio disponibile. Per gli orti con spazi limitati, possono essere preferibili varietà compatte o adatte alla coltivazione in vaso, mentre in orti più ampi è possibile includere varietà di piante più estese e rampicanti. Allo stesso modo, è importante tenere conto delle preferenze personali e dei gusti culinari, scegliendo varietà di piante che si adattino alle esigenze e ai desideri individuali del giardiniere.

Un altro aspetto da considerare nella scelta delle varietà è la resistenza alle malattie e alle infestazioni di parassiti. Optare per varietà resistenti alle malattie può ridurre la necessità di utilizzare prodotti chimici per la protezione delle piante e contribuire a mantenere un orto sano e sostenibile nel lungo termine. Allo stesso tempo, è importante bilanciare la resistenza alle malattie con altri fattori, come il gusto e la resa, per garantire una coltivazione soddisfacente e di successo.

Infine, è utile consultare guide e cataloghi specializzati, nonché chiedere consigli ai vivai locali e agli orticoltori esperti, per ottenere informazioni dettagliate sulle varietà disponibili e le loro caratteristiche specifiche. Con una selezione oculata delle varietà ottimali, è possibile creare un orto ricco e variegato, in grado di soddisfare le esigenze e i gusti del giardiniere, garantendo nel contempo una crescita sana e abbondante delle piante.

2. Preparazione del Terreno per la Semina

La preparazione accurata del terreno è fondamentale per assicurare una buona crescita e sviluppo delle piante durante il processo di semina. Prima di procedere con la semina, è importante dedicare del tempo alla corretta preparazione del terreno, seguendo una serie di passaggi che contribuiranno a creare un ambiente ottimale per le piantine.

Innanzitutto, è essenziale rimuovere eventuali erbacce, sassi o detriti presenti sulla superficie del terreno. Questi ostacoli possono interferire con la crescita delle piante e influenzare negativamente la distribuzione uniforme dei semi. L'utilizzo di attrezzi da giardino come zappette o rastrelli può facilitare questa operazione, consentendo di ripulire efficacemente la superficie del terreno.

Successivamente, è consigliabile effettuare una lavorazione del terreno per migliorare la sua struttura e texture. Questo può essere fatto attraverso l'aratura o la zappatura del terreno, che aiuta a rompere i grumi di terra e ad aerare il suolo, facilitando il drenaggio e la penetrazione delle radici. Durante questa fase, è possibile incorporare compost o altri fertilizzanti organici nel terreno per arricchirlo di sostanze nutritive e migliorare la sua fertilità.

Una volta completata la lavorazione del terreno, è importante livellarlo accuratamente per garantire una superficie uniforme e agevolare la semina. Questo può essere fatto utilizzando un rastrello o una pialla per livellare il terreno e rimuovere eventuali avvallamenti o accumuli di terra.

Infine, è consigliabile irrigare il terreno abbondantemente prima della semina, in modo da garantire un'umidità adeguata e favorevole alla germinazione dei semi. L'irrigazione può essere effettuata utilizzando un annaffiatoio o un sistema di irrigazione a goccia, a seconda delle dimensioni e delle esigenze dell'orto.

Seguendo questi passaggi di preparazione del terreno con cura e attenzione, è possibile creare le condizioni ottimali per una semina di successo, garantendo una crescita sana e vigorosa delle piante nel proprio orto.

3. Tecniche di Semina Precise

La corretta applicazione delle tecniche di semina è cruciale per garantire una distribuzione uniforme dei semi e una germinazione ottimale delle piante nell'orto.

Esistono diverse tecniche di semina che possono essere adottate a seconda delle esigenze specifiche delle colture e delle condizioni del terreno. Una delle tecniche più comuni è la semina a file, che prevede la creazione di solchi o scanalature nel terreno dove i semi vengono posizionati con precisione.

Questo metodo consente di mantenere una distanza uniforme tra i semi e facilita la gestione e la manutenzione delle piante durante la crescita. Per le colture a semina diretta, come lattuga, rucola o carote, è consigliabile utilizzare un'apposita seminatrice a file o una seminatrice manuale, che permette di depositare i semi con precisione lungo il solco preparato nel terreno.

Per le colture a semina diretta, come pomodori o peperoni, è possibile utilizzare la tecnica della semina a spaglio, che prevede la distribuzione uniforme dei semi sulla superficie del terreno senza la creazione di solchi. Questo metodo è particolarmente adatto per le colture che richiedono uno spazio di crescita più ampio e una maggiore distanza tra le piante.

Un'altra tecnica di semina è la semina in cassette o vasi, che viene utilizzata per avviare le piante in un ambiente controllato prima di trapiantarle nell'orto. Questo metodo consente di controllare meglio le condizioni di germinazione e di ottenere piante più robuste e sane prima del trapianto.

Indipendentemente dalla tecnica di semina scelta, è importante seguire attentamente le istruzioni sulla confezione dei semi e tenere conto delle specifiche esigenze delle singole colture per ottenere risultati ottimali.

4. Gestione del Trapianto con Cura

La gestione del trapianto richiede attenzione e cura per
garantire una transizione senza problemi delle piante dal vaso o
dalla semina diretta nel terreno dell'orto.

Prima di effettuare il trapianto, è importante preparare
adeguatamente il terreno, assicurandosi che sia ben irrigato e
che le condizioni siano ottimali per accogliere le nuove piante.
Se il terreno è troppo compatto, è consigliabile lavorarlo con
cura per allentare la struttura del suolo e favorire lo sviluppo
delle radici.

Durante il trapianto, è fondamentale maneggiare le piante con
delicatezza per evitare danni alle radici e allo sviluppo
complessivo della pianta. Se si trapiantano piante da vaso, è
consigliabile rimuovere con cautela il terriccio intorno alle
radici per evitare di danneggiarle durante il processo.

Dopo il trapianto, è importante fornire alle piante un'adeguata
irrigazione per aiutarle a stabilizzarsi nel nuovo ambiente.
L'irrigazione dovrebbe essere uniforme e sufficiente per
garantire che le radici possano penetrare nel terreno circostante
e assorbire l'umidità necessaria per la crescita.

È anche consigliabile proteggere le piante trapiantate dalle
condizioni atmosferiche avverse, come il vento eccessivo o
l'esposizione diretta al sole, che potrebbero stressare le piante
appena trapiantate. Utilizzare reti o teli protettivi può essere
una buona strategia per ridurre al minimo il rischio di danni alle
piante durante questo periodo critico.

Infine, è importante monitorare attentamente le piante trapiantate nei giorni successivi al trapianto per garantire che si adattino correttamente al loro nuovo ambiente e per intervenire prontamente in caso di segni di stress o problemi di salute. Con cura e attenzione, il trapianto può essere un passo significativo verso il successo nel tuo orto.

5. Monitoraggio e Manutenzione delle Piantine

Dopo il trapianto, il monitoraggio e la manutenzione delle piantine sono cruciali per garantire il loro sano sviluppo e la produzione abbondante di frutti e verdure nell'orto.

Il monitoraggio delle piantine dovrebbe essere un'attività regolare che consente di identificare tempestivamente eventuali problemi o malattie e intervenire di conseguenza. È consigliabile controllare attentamente le piante per individuare segni di stress idrico, carenze nutritive, attacchi di parassiti o malattie fungine. I sintomi di queste problematiche possono includere ingiallimento delle foglie, macchie anomale, deformità o appassimento delle piante. Prestare attenzione a questi segnali può consentire di adottare misure correttive in tempo per preservare la salute delle piantine e il rendimento dell'orto.

La manutenzione delle piantine comprende una serie di attività volte a garantire che le piante crescano vigorose e producano frutti sani. Queste attività possono includere la potatura regolare per rimuovere parti danneggiate o malate, promuovere una crescita più vigorosa e migliorare la circolazione dell'aria intorno alle piante. Inoltre, è importante fornire un adeguato supporto alle piante che tendono a svilupparsi in modo rampicante o che producono frutti pesanti, come i pomodori o i cetrioli. L'uso di gabbie, recinzioni o supporti può aiutare a sostenere le piante durante la crescita e a prevenire il collasso delle piante cariche di frutta.

Oltre alla potatura e al supporto delle piante, la manutenzione delle piantine può includere anche la rimozione regolare delle erbacce intorno alle piante per ridurre la concorrenza per l'acqua, i nutrienti e la luce solare. La rimozione delle erbacce può essere eseguita manualmente o con l'ausilio di attrezzi da giardinaggio, come zappe o coltivatori a mano.

Infine, è importante tenere traccia delle condizioni meteorologiche e apportare eventuali regolazioni alle pratiche di irrigazione, concimazione o protezione delle piante in base alle esigenze specifiche delle piantine e alle condizioni ambientali prevalenti.

Il monitoraggio costante e la manutenzione accurata delle piantine possono contribuire in modo significativo al successo complessivo dell'orto, garantendo una produzione sana e abbondante di frutta e verdura.

VII. Irrigazione e Gestione dell'Acqua: Conservare e Utilizzare in Modo Efficiente

1. Metodi di Irrigazione: Scelta del Sistema Più Adatto

La scelta del sistema di irrigazione è un passo cruciale nella gestione dell'orto domestico, poiché influisce direttamente sulle prestazioni delle piante e sull'efficienza dell'uso dell'acqua.

Esistono diverse opzioni disponibili, ciascuna con i propri vantaggi e svantaggi da considerare attentamente in base alle esigenze specifiche dell'orto.

Uno dei metodi più comuni è l'irrigazione a goccia, che fornisce acqua direttamente alle radici delle piante attraverso piccoli tubi perforati o gocciolatori. Questo sistema è particolarmente efficace nel ridurre lo spreco di acqua, poiché fornisce acqua solo dove è necessaria e riduce al minimo l'evaporazione.

Un'altra opzione è l'irrigazione a pioggia o a sprinkler, che simula la pioggia attraverso l'uso di getti d'acqua rotanti o fissi. Sebbene questo metodo possa essere più adatto per aree più ampie, può anche essere soggetto a un maggiore spreco di acqua a causa dell'evaporazione e del possibile trasporto d'acqua sulle foglie.

Altri sistemi includono l'irrigazione a immersione, che implica l'immersione delle radici delle piante in una vasca d'acqua, e l'irrigazione per microirrigatori, che utilizza piccoli spruzzatori per fornire acqua direttamente alla base delle piante.

Ogni metodo ha le proprie caratteristiche e può essere adattato alle esigenze specifiche dell'orto, quindi è importante valutare attentamente le opzioni disponibili prima di prendere una decisione.

2. Programmazione dell'Irrigazione: Ottimizzazione dei Tempi e delle Quantità

La programmazione dell'irrigazione è un aspetto cruciale per garantire che le piante ricevano la quantità ottimale di acqua nel momento giusto, massimizzando così la crescita e la produzione. Questo processo richiede una combinazione di pianificazione strategica, monitoraggio regolare e adattamento alle condizioni ambientali in continua evoluzione.

Per ottimizzare i tempi e le quantità di irrigazione, è fondamentale tenere conto di diversi fattori, tra cui il tipo di suolo, il clima locale, le esigenze idriche delle piante, e la stagione dell'anno. Ad esempio, in climi caldi e secchi, potrebbe essere necessario irrigare più frequentemente rispetto a climi freschi e umidi. Allo stesso modo, i terreni sabbiosi possono richiedere irrigazioni più frequenti rispetto a quelli argillosi, poiché drenano l'acqua più rapidamente.

Una buona pratica è quella di utilizzare un timer o un sistema di irrigazione automatico programmabile per garantire una distribuzione uniforme dell'acqua e per evitare il rischio di irrigazioni eccessive o insufficienti. Inoltre, è importante regolare la durata e la frequenza dell'irrigazione in base alle esigenze stagionali delle piante e monitorare attentamente le condizioni del terreno e delle piante per apportare eventuali modifiche necessarie.

L'uso di sensori di umidità del suolo può essere particolarmente utile per valutare l'umidità del terreno e determinare quando è necessario irrigare. Questi sensori possono essere integrati nel sistema di irrigazione per garantire un'irrigazione precisa e mirata solo quando il terreno è effettivamente asciutto.

Inoltre, è importante tenere presente che le piante possono avere esigenze idriche diverse durante le diverse fasi di crescita, quindi è necessario adattare la programmazione dell'irrigazione di conseguenza. Ad esempio, durante il periodo di germinazione e crescita delle piantine, potrebbe essere necessario irrigare più frequentemente per mantenere il terreno costantemente umido, mentre durante la fase di maturazione delle piante, potrebbe essere opportuno ridurre la frequenza delle irrigazioni per evitare eccessi di acqua che potrebbero compromettere la qualità del raccolto.

In definitiva, una corretta programmazione dell'irrigazione richiede una comprensione approfondita delle esigenze specifiche delle piante, una valutazione attenta delle condizioni ambientali e una costante vigilanza per garantire una gestione efficiente delle risorse idriche e una crescita sana delle piante.

3. Gestione del Suolo: Conservare l'Umidità e Migliorare il Drenaggio

La gestione del suolo è fondamentale per mantenere un ambiente ottimale per la crescita delle piante e per garantire un utilizzo efficiente dell'acqua. Una delle principali sfide nella gestione del suolo è mantenere un adeguato equilibrio di umidità e favorire un efficace drenaggio per prevenire ristagni d'acqua che potrebbero danneggiare le radici delle piante.

Per conservare l'umidità del suolo e ridurre la necessità di irrigazione frequente, è possibile adottare diverse strategie pratiche. Una di queste è l'utilizzo di mulching, ovvero l'applicazione di materiali organici come paglia, corteccia o foglie morte sulla superficie del terreno intorno alle piante. Il mulching aiuta a trattenere l'umidità del suolo riducendo l'evaporazione dall'azione del sole e del vento, oltre a fornire nutrimento al terreno man mano che si decompone. Inoltre, il mulching contribuisce anche a ridurre la crescita delle erbe infestanti, mantenendo il terreno pulito e privo di concorrenza per le piante coltivate.

Oltre al mulching, è possibile migliorare il drenaggio del terreno mediante la lavorazione del suolo e l'aggiunta di materiale organico. L'aratura o la zappatura regolare del terreno aiutano a rompere le zolle e a migliorare la struttura del suolo, consentendo all'acqua di penetrare più facilmente nel terreno e di drenare via in eccesso. L'aggiunta di compost o letame al terreno arricchisce la sua composizione organica, migliorando la sua capacità di trattenere l'umidità e garantendo un adeguato apporto di nutrienti alle piante.

Inoltre, è possibile creare sistemi di drenaggio efficaci, come letti rialzati o solchi di drenaggio, per garantire che l'acqua in eccesso venga convogliata via dal terreno e non si accumuli intorno alle radici delle piante. Questi sistemi possono essere particolarmente utili in aree con terreni argillosi o in zone soggette a forti piogge, dove il rischio di ristagno d'acqua è maggiore.

In definitiva, una corretta gestione del suolo è essenziale per mantenere un ambiente ottimale per la crescita delle piante e per garantire un utilizzo efficiente dell'acqua. Adottando pratiche come il mulching, la lavorazione del suolo e la creazione di sistemi di drenaggio efficaci, è possibile conservare l'umidità del terreno e migliorare il drenaggio, creando così le condizioni ideali per un orto sano e produttivo.

4. Tecniche di Risparmio Idrico: Ridurre lo Spreco e Massimizzare l'Efficienza

Nel contesto della gestione dell'acqua in un orto, l'adozione di tecniche di risparmio idrico è fondamentale per ridurre lo spreco e massimizzare l'efficienza nell'utilizzo delle risorse idriche disponibili. Esistono diverse strategie pratiche che possono essere implementate per raggiungere questo obiettivo e garantire un utilizzo responsabile dell'acqua nell'orticoltura.

Una delle prime tecniche da considerare è l'irrigazione a goccia o a micro-irrigatori, che forniscono acqua direttamente alle radici delle piante in modo mirato ed efficiente. Questo metodo riduce significativamente la perdita di acqua per evaporazione e rallenta il rischio di malattie delle piante legate all'umidità e all'acqua stagnante. Utilizzando un sistema di irrigazione a goccia, è possibile dosare con precisione la quantità d'acqua fornita alle piante, adattandola alle loro esigenze specifiche e minimizzando gli sprechi.

Un'altra tecnica efficace per risparmiare acqua è l'utilizzo di teli
o coperture di protezione del suolo, noti anche come telai per la
trattenuta dell'umidità. Questi materiali, come la plastica o il
tessuto non tessuto, vengono posizionati sulla superficie del
terreno intorno alle piante per ridurre l'evaporazione dell'acqua
e mantenere l'umidità del suolo. Inoltre, i telai possono anche
aiutare a controllare la crescita delle erbacce e a mantenere il
terreno pulito, riducendo così la concorrenza per l'acqua.

Un'altra tecnica per risparmiare acqua è l'utilizzo di serbatoi per
la raccolta dell'acqua piovana. Questi serbatoi possono essere
posizionati vicino all'orto per raccogliere l'acqua piovana dai
tetti o dalle superfici impermeabili e utilizzarla per l'irrigazione
delle piante. Questo approccio non solo consente di ridurre il
consumo di acqua potabile, ma offre anche una fonte di
approvvigionamento idrico gratuita e sostenibile per l'orto.

Inoltre, è possibile adottare pratiche di conservazione
dell'acqua come l'irrigazione nelle ore più fresche della
giornata, come la mattina presto o la sera tardi, per ridurre
l'evaporazione e massimizzare l'assorbimento da parte delle
piante. Anche la pianificazione dell'irrigazione in base alle
condizioni climatiche e alle esigenze specifiche delle piante
può contribuire a ottimizzare l'utilizzo dell'acqua e a ridurre gli
sprechi.

Infine, è importante monitorare attentamente l'umidità del suolo
e le esigenze idriche delle piante per evitare sovra-irrigazione e
garantire un utilizzo efficiente dell'acqua. Utilizzando strumenti
come i misuratori di umidità del suolo o semplicemente
osservando le condizioni delle piante, è possibile regolare
l'irrigazione in modo da fornire acqua solo quando necessario,
evitando così gli sprechi e promuovendo la salute delle piante.

In conclusione, l'adozione di tecniche di risparmio idrico è essenziale per ridurre lo spreco di acqua e massimizzare l'efficienza nell'utilizzo delle risorse idriche in un orto. Utilizzando metodi come l'irrigazione a goccia, i telai per la trattenuta dell'umidità, i serbatoi per la raccolta dell'acqua piovana e la pianificazione dell'irrigazione in base alle esigenze delle piante, è possibile garantire un approvvigionamento idrico sostenibile e promuovere la crescita sana e vigorosa delle colture.

5. Monitoraggio dell'Umidità del Suolo: Strumenti e Metodi per una Gestione Precisa

Il monitoraggio dell'umidità del suolo è un aspetto cruciale nella gestione efficiente dell'irrigazione in un orto. Utilizzando gli strumenti e i metodi appropriati, è possibile ottenere una valutazione accurata delle condizioni del suolo e regolare l'apporto idrico delle piante in modo preciso e mirato. Ci sono diverse tecniche e strumenti disponibili per monitorare l'umidità del suolo, ciascuno con vantaggi e limitazioni che è importante considerare per una gestione ottimale dell'irrigazione.

Uno dei metodi più comuni per monitorare l'umidità del suolo è l'utilizzo di sensori di umidità del suolo. Questi sensori vengono inseriti nel terreno vicino alle radici delle piante e forniscono letture in tempo reale dell'umidità del suolo. I sensori possono essere di diversi tipi, tra cui quelli basati sulla resistenza elettrica del terreno o sulla capacitività del suolo. Con l'aiuto di questi sensori, è possibile determinare con precisione quando è necessario irrigare le piante in base alle loro esigenze idriche specifiche.

Oltre ai sensori di umidità del suolo, è possibile utilizzare anche strumenti più semplici come i bastoncini di umidità del suolo o i misuratori di umidità. Questi strumenti forniscono una valutazione approssimativa dell'umidità del suolo e possono essere utilizzati per monitorare le condizioni del terreno su base regolare. Anche se meno precisi rispetto ai sensori digitali, i bastoncini e i misuratori di umidità del suolo sono ancora utili per avere un'idea generale delle esigenze idriche delle piante e regolare l'irrigazione di conseguenza.

Oltre agli strumenti di monitoraggio dell'umidità del suolo, esistono anche metodi visivi per valutare le condizioni del terreno. Ad esempio, è possibile controllare la consistenza e il colore del terreno per determinare se è necessario irrigare. Un terreno asciutto e polveroso potrebbe indicare la necessità di irrigare, mentre un terreno umido e scuro potrebbe suggerire che le piante hanno abbastanza acqua a disposizione. Inoltre, osservare il comportamento delle piante stesse può fornire indicazioni sulle loro esigenze idriche. Piante appassite o che mostrano segni di stress idrico potrebbero richiedere un irrigazione immediata.

In sintesi, il monitoraggio dell'umidità del suolo è fondamentale per una gestione efficace dell'irrigazione in un orto. Utilizzando una combinazione di strumenti e metodi, è possibile ottenere una valutazione precisa delle condizioni del terreno e regolare l'irrigazione in base alle esigenze specifiche delle piante. Questo contribuirà a massimizzare l'efficienza nell'utilizzo delle risorse idriche e a promuovere una crescita sana e vigorosa delle colture.

VIII. Controllo delle Infestanti: Metodi Naturali e Biologici

1. Identificazione delle Infestanti: Riconoscere le Specie Nemiche

Riconoscere le infestanti è il primo passo fondamentale per mantenere un orto sano e produttivo. Le infestanti sono piante indesiderate che competono con le colture orticole per risorse cruciali come l'acqua, la luce solare e i nutrienti del suolo.

Identificare le diverse specie di infestanti è essenziale poiché ognuna può richiedere un approccio di controllo specifico. Esaminare attentamente le caratteristiche delle piante indesiderate può aiutare a distinguere tra varie specie e adottare le strategie più adeguate per gestirle in modo efficace.

Le infestanti possono variare in forma, dimensioni, colore, struttura delle foglie e modalità di crescita. Ad esempio, alcune infestanti possono essere piante rampicanti, mentre altre possono essere piante erbacee a basso sviluppo. Oltre alla morfologia, è importante osservare il ciclo di vita delle infestanti, poiché alcune sono annuali, altre biennali o perenni, influenzando la strategia di controllo da adottare.

L'identificazione delle infestanti può avvenire attraverso l'osservazione diretta sul campo, ma può essere supportata anche da risorse come libri, guide online e app specializzate che forniscono informazioni dettagliate sulle caratteristiche distintive di ogni specie.

Acquisire competenze nell'identificazione delle infestanti consente agli orticoltori di intervenire precocemente e in modo mirato, riducendo così l'impatto negativo sul rendimento delle colture e semplificando il processo di gestione dell'orto nel suo complesso.

2. Tecniche di Controllo Manuale: Rimozione e Sfoltimento delle Infestanti

Le tecniche di controllo manuale rappresentano un metodo tradizionale ed efficace per gestire le infestanti nell'orto. Questo approccio richiede l'uso di strumenti manuali e la mano d'opera dell'orticoltore, ma può essere altamente efficiente quando eseguito correttamente.

La rimozione manuale delle infestanti coinvolge l'estirpazione delle piante indesiderate dal terreno, radici comprese, per prevenire la loro ricrescita. Questa pratica può essere eseguita utilizzando strumenti come zappe, zappette o coltelli da giardino, a seconda delle dimensioni e della profondità delle infestanti.

Un'altra tecnica di controllo manuale è lo sfoltimento delle infestanti, che consiste nel ridurre il numero di piante indesiderate lasciando spazio sufficiente alle colture orticole desiderate. Questo può essere realizzato mediante il diradamento delle infestanti in eccesso o la selezione delle piante da eliminare per favorire una distribuzione uniforme delle colture.

Durante l'applicazione delle tecniche di controllo manuale, è importante prestare attenzione per non danneggiare le colture circostanti e per garantire una rimozione completa delle infestanti, inclusa la parte sotterranea delle radici. Inoltre, è consigliabile eseguire queste operazioni quando il terreno è umido, poiché le radici delle infestanti sono più facili da estrarre in queste condizioni.

Anche se richiede un impegno fisico maggiore rispetto ad altri metodi di controllo, il controllo manuale offre diversi vantaggi, tra cui la precisione nell'individuazione delle infestanti, la riduzione dell'uso di prodotti chimici e l'opportunità di mantenere un orto organico e sostenibile. Con pratica e costanza, i giardinieri possono padroneggiare queste tecniche e mantenere il loro orto libero da infestanti in modo efficace.

3. Copertura del Terreno: Utilizzo di Materiale Organico per Sopprimere le Infestanti

La copertura del terreno con materiale organico è una strategia efficace per sopprimere le infestanti nell'orto. Questo approccio sfrutta l'uso di materiali naturali, come paglia, fieno, foglie morte, segatura o residui di potatura, per creare uno strato protettivo sulla superficie del terreno. Tale copertura ha diversi vantaggi nell'ambito della gestione delle infestanti e della salute del terreno.

Innanzitutto, il materiale organico utilizzato per coprire il terreno aiuta a soffocare le infestanti, impedendo loro di germinare e crescere. Questo strato fisico ostacola la luce solare e riduce l'accesso all'aria, rendendo difficile alle piante infestanti sviluppare radici e crescere. Inoltre, il materiale organico funge da barriera naturale, limitando la diffusione delle infestanti attraverso la superficie del terreno.

Oltre alla soppressione delle infestanti, la copertura del terreno con materiale organico offre numerosi altri benefici. Ad esempio, aiuta a trattenere l'umidità nel terreno, riducendo l'evaporazione e il bisogno di irrigazione. Inoltre, il materiale organico si decompone nel tempo, contribuendo a migliorare la struttura del terreno e arricchendolo di sostanze nutritive essenziali per le piante.

Per applicare correttamente la copertura del terreno, è importante distribuire uniformemente il materiale organico sulla superficie del terreno, creando uno strato di spessore sufficiente per garantire una buona copertura. Inoltre, è consigliabile aggiornare periodicamente la copertura con nuovo materiale organico, soprattutto dopo le piogge o quando si verifica un deterioramento significativo dello strato esistente.

In conclusione, l'utilizzo di materiale organico per coprire il terreno è una strategia efficace e sostenibile per sopprimere le infestanti e migliorare la salute complessiva del terreno nell'orto. Con una corretta applicazione e manutenzione, questa tecnica può contribuire a mantenere un ambiente di coltivazione sano e produttivo.

4. Lotta Biologica: Introduzione di Predatori Naturali per Contenere le Infestanti

La lotta biologica rappresenta un metodo innovativo e sostenibile per gestire le infestanti nell'orto, utilizzando predatori naturali per contenere la loro diffusione. Questa strategia si basa sull'introduzione di organismi viventi, come insetti predatori, insetti parassitoidi, o piccoli animali, che si nutrono delle infestanti e ne limitano la crescita e la proliferazione.

Uno degli esempi più comuni di lotta biologica è l'utilizzo di insetti predatori, come coccinelle, crisope, e mantidi religiose, che si cibano delle infestanti presenti nell'orto. Questi insetti sono generalmente innocui per le piante coltivate e svolgono un ruolo fondamentale nel mantenere sotto controllo le popolazioni di infestanti, riducendo così la necessità di interventi chimici.

Un altro approccio alla lotta biologica è l'introduzione di insetti parassitoidi, come alcune specie di vespe e mosche, che depongono le proprie uova all'interno o vicino agli insetti nocivi. Le larve che si sviluppano da queste uova si nutrono degli insetti ospiti, contribuendo alla loro riduzione. Questo metodo può essere particolarmente efficace nel controllo di infestanti come afidi, bruchi e tripidi.

Oltre agli insetti, alcuni piccoli animali possono essere impiegati nella lotta biologica. Ad esempio, le anatre possono essere utilizzate per mangiare le erbe infestanti in zone umide o nelle vicinanze dell'orto, contribuendo così a mantenere sotto controllo la loro diffusione.

Tuttavia, è importante considerare alcuni aspetti prima di adottare la lotta biologica come strategia di gestione delle infestanti. È essenziale valutare attentamente l'ecosistema dell'orto e l'equilibrio tra predatori e prede, per evitare squilibri ecologici e garantire un efficace controllo delle infestanti senza danneggiare altre forme di vita presenti nell'ambiente.

Inoltre, è importante ricordare che la lotta biologica è un processo graduale e può richiedere del tempo prima di produrre risultati visibili. È quindi consigliabile combinare la lotta biologica con altre strategie di gestione delle infestanti, come la copertura del terreno e il controllo manuale, per massimizzare l'efficacia complessiva del sistema.

In conclusione, la lotta biologica rappresenta un approccio ecologico e sostenibile per contenere le infestanti nell'orto, sfruttando i meccanismi naturali di controllo delle popolazioni. Con una corretta pianificazione e implementazione, questo metodo può contribuire a mantenere un ambiente di coltivazione sano e equilibrato, riducendo al contempo l'uso di pesticidi e prodotti chimici dannosi per l'ambiente.

5. Utilizzo di Rimedi Naturali: Estratti Vegetali e Composti Organici per Limitare le Infestazioni

L'utilizzo di rimedi naturali costituisce un approccio ecologico e sicuro per limitare le infestazioni di infestanti nell'orto, riducendo al contempo l'uso di prodotti chimici sintetici. Gli estratti vegetali e i composti organici possono essere impiegati con successo per respingere o scoraggiare gli insetti nocivi, mantenendo così un ambiente di coltivazione sano e privo di infestazioni dannose.

Tra gli estratti vegetali più comuni utilizzati per questo scopo vi sono l'olio di neem, l'aglio, il peperoncino e il sapone di marsiglia. Questi estratti contengono composti naturali che agiscono come repellenti per molti insetti dannosi, come afidi, tripidi e mosche bianche. Ad esempio, l'olio di neem ha dimostrato di essere efficace nel contrastare una vasta gamma di infestanti, agendo sia come repellente che come insetticida naturale.

Allo stesso modo, i composti organici, come il compost di foglie, il compost di bucce di frutta e verdura, e il letame ben decomposto, possono essere utilizzati per migliorare la fertilità del suolo e rafforzare le piante, rendendole più resilienti alle infestazioni. Questi composti forniscono nutrienti essenziali alle piante, promuovendo la crescita e la salute delle radici e migliorando così la loro capacità di difendersi dalle infestanti.

Per utilizzare efficacemente questi rimedi naturali, è importante seguire alcune linee guida. Ad esempio, gli estratti vegetali devono essere applicati con regolarità e secondo le dosi consigliate, per evitare eventuali danni alle piante coltivate. È inoltre consigliabile alternare l'uso di diversi tipi di estratti per prevenire lo sviluppo di resistenza da parte degli insetti.

Analogamente, i composti organici devono essere distribuiti uniformemente sul terreno e incorporati nella zona radicale delle piante, per garantire un'adeguata assorbimento dei nutrienti. Inoltre, è consigliabile integrare l'uso di composti organici con altre pratiche di gestione delle infestazioni, come la rotazione delle colture e la lotta biologica, per massimizzare l'efficacia complessiva del sistema.

In conclusione, l'utilizzo di rimedi naturali come estratti vegetali e composti organici rappresenta un'alternativa sostenibile e rispettosa dell'ambiente per limitare le infestazioni di infestanti nell'orto. Con una corretta pianificazione e implementazione, questi rimedi possono contribuire a mantenere un ambiente di coltivazione equilibrato e privo di infestazioni dannose, garantendo nel contempo la salute e la produttività delle piante coltivate.

IX. Prevenzione e Gestione delle Malattie delle Piante: Approcci Ecologici

1. Identificazione delle Malattie Vegetali: Riconoscimento dei Segni e dei Sintomi

L'identificazione accurata delle malattie vegetali è fondamentale per una gestione efficace del giardino o dell'orto. Ogni malattia presenta segni e sintomi distintivi che possono variare a seconda del tipo di pianta, delle condizioni ambientali e del patogeno coinvolto. Per riconoscere correttamente queste malattie, è essenziale familiarizzarsi con una vasta gamma di segni e sintomi comuni.

Uno dei segni più evidenti di una malattia vegetale è la presenza di macchie, lesioni o decolorazioni sulle foglie, sui fusti o sui frutti. Queste possono manifestarsi sotto forma di macchie brune, necrosi, deformità o alterazioni della colorazione. Ad esempio, la muffa bianca sulle foglie, nota anche come oidio, è caratterizzata da una patina biancastra che ricopre la superficie fogliare, mentre il marciume grigio è evidente attraverso lesioni acquose che si trasformano in macchie marroni e grigie. Altri segni comuni includono deformità dei tessuti vegetali, come ingrossamenti, rigonfiamenti o striature anomale.

I sintomi delle malattie vegetali possono variare notevolmente a seconda del patogeno coinvolto e della pianta ospite. Tra i sintomi più comuni vi sono il marciume radicale, il disseccamento delle foglie, il deterioramento della qualità del frutto e la riduzione della crescita e della produzione. Ad esempio, il marciume radicale, causato da funghi del suolo come il Fusarium e il Phytophthora, si manifesta attraverso il collasso delle radici e il progressivo appassimento della pianta. Allo stesso modo, le infezioni batteriche possono causare necrosi dei tessuti, mentre i virus possono portare a deformità fogliari e clorosi.

Riconoscere questi segni e sintomi richiede un'osservazione attenta e un'analisi accurata della pianta. È utile esaminare le piante regolarmente, specialmente durante le fasi critiche della crescita, come la fioritura o la fruttificazione. Inoltre, è importante prendere nota delle condizioni ambientali, come l'umidità, la temperatura e la presenza di insetti, poiché queste variabili possono influenzare lo sviluppo e la diffusione delle malattie.

In breve, l'identificazione precoce delle malattie vegetali è cruciale per mitigare il loro impatto sulle colture. Con una conoscenza approfondita dei segni e dei sintomi delle malattie più comuni, i giardinieri possono adottare misure preventive e di controllo mirate per mantenere la salute e la produttività delle loro piante.

2. Tecniche di Coltivazione Resilienti: Promuovere la Salute delle Piante

Per promuovere la salute delle piante e renderle più resilienti alle malattie, è fondamentale adottare una serie di tecniche di coltivazione mirate. Una delle strategie più efficaci è quella di favorire un ambiente di crescita ottimale per le piante, che le renda più robuste e in grado di difendersi dalle malattie. Questo può essere ottenuto attraverso la corretta gestione del terreno, l'irrigazione adeguata e la nutrizione equilibrata.

La gestione del terreno è cruciale per la salute delle piante. Mantenere un terreno ben drenato e arricchito con materia organica favorisce la crescita delle radici e la disponibilità di nutrienti, contribuendo così a una migliore resistenza alle malattie. Inoltre, la rotazione delle colture e la copertura del terreno con paglia o altri materiali organici possono ridurre il rischio di infezioni fungine e batteriche, creando un ambiente meno favorevole per la proliferazione dei patogeni.

Un'altra tecnica importante è l'irrigazione oculata. L'acqua eccessiva può favorire lo sviluppo di malattie radicanti come il marciume delle radici, mentre la mancanza di irrigazione può indebolire le piante e renderle più suscettibili alle infezioni. È importante quindi fornire alle piante la quantità di acqua di cui necessitano, evitando sia l'eccesso che la carenza idrica.

Inoltre, una corretta nutrizione delle piante è essenziale per la loro salute. Assicurarsi che le piante abbiano accesso a tutti i nutrienti di cui hanno bisogno, attraverso l'uso di concimi organici o fertilizzanti equilibrati, può contribuire a rafforzare il loro sistema immunitario e renderle più resilienti alle malattie.

Oltre a queste pratiche di base, esistono anche metodi più specifici per promuovere la salute delle piante. Ad esempio, l'uso di estratti vegetali o composti organici può avere effetti benefici sul sistema immunitario delle piante, aumentandone la resistenza alle malattie. Inoltre, l'introduzione di insetti benefici, come coccinelle o crisope, può contribuire al controllo naturale dei parassiti, riducendo così la necessità di interventi chimici.

In sintesi, adottare una serie di tecniche di coltivazione resilienti è fondamentale per promuovere la salute delle piante e ridurre il rischio di malattie. Queste pratiche, se attuate in modo consapevole e coerente, possono contribuire a mantenere un orto sano e produttivo nel lungo termine.

3. Lotta Biologica contro le Malattie: Utilizzo di Agenti Antagonisti

La lotta biologica contro le malattie delle piante implica l'utilizzo di agenti antagonisti, ovvero organismi che competono direttamente con i patogeni per risorse e spazio, riducendo così la loro presenza e il loro impatto sulle colture. Questo approccio si basa sull'idea di utilizzare la natura stessa come alleata nella protezione delle piante, sfruttando le relazioni simbiotiche e competitive tra gli organismi viventi presenti nell'ecosistema agricolo.

Un esempio comune di agente antagonista sono i batteri e i funghi benefici che colonizzano le radici delle piante formando una simbiosi mutualistica. Questi microrganismi, noti come micorrize, forniscono alle piante nutrienti come il fosforo e migliorano la loro capacità di assorbire acqua e altri nutrienti dal suolo. Inoltre, le micorrize possono produrre sostanze antibiotiche che inibiscono la crescita dei patogeni del suolo, proteggendo così le radici dalle infezioni.

Altri esempi di agenti antagonisti includono batteri e funghi antagonisti, come Bacillus subtilis e Trichoderma spp., che producono composti antimicrobici in grado di sopprimere la crescita dei patogeni delle piante. Questi organismi possono essere applicati al suolo o alle piante stesse tramite composti organici o formulazioni commerciali, contribuendo così a ridurre il rischio di malattie e migliorare la salute delle colture.

Inoltre, l'utilizzo di insetti benefici può essere un'efficace strategia di controllo biologico delle malattie delle piante. Ad esempio, alcuni insetti predatori, come le coccinelle e gli acari predatori, si nutrono di insetti fitofagi che trasmettono virus o fungo patogeni alle piante. Introdurre questi insetti benefici nell'orto può contribuire a ridurre la popolazione di insetti dannosi e limitare la diffusione delle malattie.

Infine, è importante sottolineare che il successo della lotta biologica contro le malattie dipende dalla corretta identificazione dei patogeni presenti nell'orto e dalla selezione degli agenti antagonisti più adatti a contrastarli. È quindi consigliabile condurre regolarmente monitoraggi e analisi microbiologiche del suolo e delle piante per valutare lo stato di salute dell'orto e pianificare interventi mirati.

In conclusione, l'utilizzo di agenti antagonisti è una strategia efficace e sostenibile per il controllo delle malattie delle piante, in quanto sfrutta i meccanismi naturali di difesa delle piante e promuove un equilibrio ecologico nell'ambiente agricolo. Integrare queste pratiche nell'orto può contribuire a ridurre l'uso di pesticidi chimici e a mantenere la salute delle colture nel lungo termine.

4. Utilizzo di Estratti Naturali: Riduzione delle Infezioni senza Pesticidi

L'utilizzo di estratti naturali rappresenta un'alternativa priva di pesticidi per ridurre le infezioni nelle colture orticole. Gli estratti naturali sono ottenuti da piante con proprietà antimicrobiche e antifungine e possono essere utilizzati per proteggere le piante dalle malattie senza l'uso di prodotti chimici nocivi. Questi estratti sono generalmente preparati attraverso l'estrazione di composti attivi dalle piante stesse, che agiscono contro i patogeni senza danneggiare l'ambiente o la salute umana.

Un esempio comune di estratto naturale è l'olio essenziale di neem, ottenuto dai semi della pianta di neem (Azadirachta indica). L'olio di neem ha dimostrato di avere proprietà antifungine e insetticide, ed è ampiamente utilizzato nell'agricoltura biologica per controllare una vasta gamma di parassiti e patogeni delle piante. Può essere applicato sulle piante attraverso spruzzature fogliari o miscelato nel terreno per prevenire le infezioni fungine e l'attacco di insetti dannosi.

Altri estratti naturali comunemente utilizzati includono l'estratto di aglio, ricco di composti solforati con potenti proprietà antimicrobiche, e l'estratto di cannella, che contiene oli essenziali con azione antifungina. Questi estratti possono essere preparati in casa o acquistati in forma commerciale e applicati sulle piante per proteggerle dalle malattie.

Un'altra opzione è l'utilizzo di estratti naturali di piante officinali, come la camomilla e la calendula, che hanno proprietà curative e lenitive. Questi estratti possono essere utilizzati per trattare le piante infette e favorire la guarigione delle lesioni causate dalle malattie, contribuendo così a ridurre il loro impatto sulle colture.

È importante sottolineare che, pur essendo naturali, gli estratti vegetali devono essere utilizzati con cautela e seguendo le dosi consigliate, in quanto possono essere tossici per le piante se utilizzati in eccesso. Inoltre, è consigliabile effettuare un test su una piccola area delle piante prima di applicare gli estratti su larga scala, per valutarne eventuali effetti collaterali.

In conclusione, l'utilizzo di estratti naturali rappresenta un'efficace strategia per ridurre le infezioni delle piante senza ricorrere a pesticidi chimici nocivi. Integrare questi estratti nell'orto può contribuire a mantenere la salute delle colture in modo sostenibile e rispettoso dell'ambiente, garantendo al contempo la sicurezza alimentare e la protezione della biodiversità.

5. Monitoraggio Costante della Salute delle Piante: Strumenti e Metodi di Diagnosi

Il monitoraggio costante della salute delle piante è fondamentale per prevenire e gestire le malattie in modo efficace. Esistono diversi strumenti e metodi di diagnosi che possono essere utilizzati dagli orticoltori per identificare tempestivamente eventuali problemi e adottare le misure appropriate per proteggere le colture. Uno dei primi strumenti di diagnosi è l'osservazione diretta delle piante. Gli orticoltori devono essere attenti ai segni visibili di stress, come ingiallimento delle foglie, macchie, muffe o deformazioni, che possono indicare la presenza di malattie o problemi ambientali. Inoltre, è importante osservare da vicino il fogliame e le parti della pianta per individuare la presenza di insetti dannosi o segni di attacco.

Oltre all'osservazione diretta, esistono strumenti specializzati che possono essere utilizzati per monitorare la salute delle piante in modo più dettagliato. Ad esempio, l'utilizzo di lenti d'ingrandimento o microscopi può consentire agli orticoltori di esaminare da vicino le foglie e individuare eventuali segni di malattie fungine o batteriche, non visibili ad occhio nudo. Inoltre, esistono kit diagnostici rapidi disponibili sul mercato che consentono di identificare rapidamente la presenza di specifici patogeni attraverso test immunologici o molecolari.

Oltre agli strumenti visivi, è possibile utilizzare anche strumenti per il monitoraggio ambientale, come termometri e igrometri, per valutare le condizioni climatiche che favoriscono lo sviluppo delle malattie. Ad esempio, temperature elevate e umidità elevata possono favorire la diffusione di malattie fungine come la muffa grigia e la peronospora, mentre terreni eccessivamente umidi possono aumentare il rischio di marciume radicale.

Infine, l'uso di tecnologie moderne come droni e sensori remoti può fornire un monitoraggio continuo delle colture su vasta scala, consentendo agli orticoltori di rilevare tempestivamente eventuali segni di malattie o stress vegetativo.

In conclusione, il monitoraggio costante della salute delle piante attraverso l'osservazione diretta, l'uso di strumenti specializzati e tecnologie moderne è essenziale per prevenire e gestire efficacemente le malattie delle piante nell'orto. Combinando una varietà di strumenti e metodi di diagnosi, gli orticoltori possono mantenere le proprie colture in salute e massimizzare il successo del loro orto.

X. Nutrizione delle Piante: Fertilizzanti Organici e Bilanciati

1. Scelta dei Fertilizzanti Organici: Analisi delle Esigenze Nutrizionali

Quando si tratta di nutrire le piante nel proprio orto, la scelta dei fertilizzanti organici è fondamentale per garantire una crescita sana e vigorosa.

Tuttavia, per ottenere i migliori risultati, è essenziale comprendere le esigenze nutrizionali specifiche delle piante che si intendono coltivare. Ogni specie vegetale ha requisiti unici in termini di nutrienti, e la loro corretta analisi è il primo passo per una scelta efficace dei fertilizzanti.

Innanzitutto, è importante considerare i macroelementi essenziali, come azoto, fosforo e potassio, che sono fondamentali per lo sviluppo generale delle piante. Ad esempio, le piante che producono frutti come pomodori e peperoni richiedono una quantità maggiore di potassio per favorire la fioritura e la fruttificazione.

Allo stesso tempo, è cruciale considerare anche i micronutrienti, come ferro, zinco e manganese, che, sebbene necessari in quantità minori, sono altrettanto cruciali per la salute delle piante.

Un'analisi approfondita delle esigenze nutrizionali delle piante può essere ottenuta attraverso test del suolo e analisi delle foglie, che forniscono informazioni dettagliate sui livelli di nutrienti presenti nel terreno e sulle eventuali carenze da correggere.

Solo una comprensione completa delle esigenze nutrizionali delle piante consentirà di selezionare i fertilizzanti organici più adatti, garantendo una crescita ottimale e una produzione abbondante nell'orto.

2. Metodi di Applicazione dei Fertilizzanti: Tecniche per un Assorbimento Ottimale

L'applicazione dei fertilizzanti organici è un passo cruciale nella cura delle piante del proprio orto, ma è altrettanto importante utilizzare le tecniche di applicazione corrette per garantire un assorbimento ottimale e massimizzare i benefici per le piante.

Uno dei metodi più comuni è l'applicazione diretta del fertilizzante intorno alle radici delle piante, noto come fertilizzazione alla radice. Questo può essere fatto sia prima della semina o del trapianto, aggiungendo il fertilizzante direttamente al terreno, o durante la stagione di crescita, distribuendo il fertilizzante in modo uniforme intorno alla zona delle radici. Questo metodo consente alle piante di assorbire gradualmente i nutrienti di cui hanno bisogno mentre crescono.

Un altro metodo è la fertilizzazione fogliare, che coinvolge l'applicazione di fertilizzanti direttamente sulle foglie delle piante. Questo può essere fatto spruzzando una soluzione diluita di fertilizzante sulle foglie, consentendo alle piante di assorbire rapidamente i nutrienti attraverso i loro stoma. Questo metodo è particolarmente utile quando le piante hanno carenze nutrienti acute o quando il suolo presenta problemi di assorbimento.

Un'altra tecnica efficace è la fertirrigazione, che consiste nell'aggiunta di fertilizzanti direttamente all'acqua d'irrigazione. Questo metodo fornisce una distribuzione uniforme dei nutrienti nel terreno, consentendo alle piante di assorbirli direttamente attraverso le radici durante l'irrigazione. È particolarmente utile in sistemi di coltivazione idroponica o in terreni con problemi di drenaggio.

Infine, è possibile utilizzare i fertilizzanti a lento rilascio, che rilasciano gradualmente i nutrienti nel terreno nel corso del tempo. Questi fertilizzanti sono spesso sotto forma di granuli o pellet e possono essere applicati al terreno durante la preparazione del letto o distribuiti in superficie durante la stagione di crescita. Questo metodo assicura un rilascio costante di nutrienti nel corso delle settimane o addirittura dei mesi, fornendo alle piante una fonte continua di nutrimento.

Scegliere il metodo di applicazione corretto dipende dalle esigenze specifiche delle piante e dalle condizioni del terreno, ma utilizzando le tecniche appropriate, è possibile garantire un assorbimento ottimale dei fertilizzanti e una crescita sana e vigorosa delle piante dell'orto.

3. Gestione del Compost: Utilizzo Efficace come Fonte di Nutrimento

La gestione efficace del compost è fondamentale per utilizzarlo come fonte di nutrimento per le piante dell'orto. Per ottenere il massimo beneficio dal compost, è importante seguire alcuni passaggi chiave.

Innanzitutto, è essenziale avere una corretta comprensione del processo di compostaggio. Il compostaggio è il risultato della decomposizione di materiali organici, come scarti alimentari, potature di piante, erba tagliata e foglie morte, attraverso l'azione di microrganismi come batteri, funghi e lombrichi. Questo processo richiede tempo e una corretta aerazione e umidità per garantire una decomposizione efficace e completa dei materiali organici.

Una volta che il compost è maturo e pronto per l'uso, è importante applicarlo correttamente nel proprio orto. Il compost può essere incorporato nel terreno durante la preparazione del letto o distribuito in superficie intorno alle piante. Incorporare il compost nel terreno assicura una distribuzione uniforme dei nutrienti e migliora la struttura del suolo, promuovendo la salute delle piante e la crescita delle radici. Distribuire il compost in superficie fornisce invece un'ulteriore protezione al terreno, riducendo l'erosione e aumentando la ritenzione d'acqua.

Inoltre, è importante monitorare attentamente la qualità del compost utilizzato. Il compost di alta qualità dovrebbe essere di colore scuro, con un odore terroso piacevole e una consistenza friabile. Se il compost ha un odore sgradevole o contiene residui non decomposti, potrebbe non essere completamente maturo e potrebbe causare problemi alle piante. Assicurarsi di utilizzare solo compost ben decomposto e di alta qualità per massimizzare i benefici per le piante dell'orto.

Infine, è importante mantenere una pratica di compostaggio continua nel tempo. Continuare a aggiungere materiali organici al compost e a girarlo regolarmente per favorire la decomposizione e la formazione di nuovo compost. In questo modo, si può garantire una costante disponibilità di nutrienti per le piante e una gestione sostenibile dei rifiuti organici.

Utilizzando queste pratiche di gestione del compost, è possibile sfruttare al meglio questa preziosa risorsa come fonte di nutrimento per le piante dell'orto, promuovendo una crescita sana e abbondante.

4. Integrazione dei Micronutrienti: Importanza e Dosaggio Adeguato

L'integrazione dei micronutrienti è un aspetto cruciale per garantire una nutrizione completa e equilibrata delle piante nell'orto. Sebbene le piante richiedano una quantità maggiore di nutrienti primari come azoto, fosforo e potassio (NPK), i micronutrienti sono altrettanto essenziali per la loro crescita ottimale. I micronutrienti includono elementi come ferro, zinco, manganese, rame, boro, molibdeno e cloro, e anche se necessari in quantità molto più piccole rispetto ai macronutrienti, svolgono ruoli fondamentali nei processi metabolici delle piante.

L'importanza dei micronutrienti risiede nella loro capacità di agire come cofattori enzimatici, facilitando reazioni chimiche vitali all'interno delle piante. Ad esempio, il ferro è essenziale per la formazione della clorofilla, il pigmento verde che consente alle piante di effettuare la fotosintesi. Lo zinco è coinvolto nella sintesi di proteine e ormoni vegetali, mentre il manganese contribuisce alla decomposizione dell'acqua durante la fotosintesi. Senza un apporto adeguato di micronutrienti, le piante possono manifestare sintomi di carenza come clorosi fogliare, necrosi, deformità delle foglie e ridotta crescita.

Per garantire una nutrizione ottimale delle piante, è essenziale integrare i micronutrienti nel regime di fertilizzazione dell'orto. Tuttavia, è importante farlo in modo accurato, poiché un eccesso di micronutrienti può essere dannoso quanto una carenza. Prima di integrare i micronutrienti, è consigliabile condurre un'analisi del suolo per valutare la sua composizione nutrizionale e determinare le eventuali carenze o squilibri. Questo aiuterà a guidare la scelta dei fertilizzanti contenenti i micronutrienti necessari e a determinare il dosaggio appropriato.

Esistono diverse forme di fertilizzanti contenenti micronutrienti, tra cui polveri solubili, granuli e liquidi. La scelta della forma dipenderà dalle preferenze personali, dalla disponibilità e dalle esigenze specifiche delle piante nell'orto. È importante seguire attentamente le istruzioni sull'etichetta del prodotto per garantire un dosaggio corretto e evitare sovra-alimentazione.

È anche possibile integrare i micronutrienti attraverso metodi naturali, come l'utilizzo di compost ricco di humus o l'aggiunta di materiali organici come bucce di banana (ricche di potassio) o gusci d'uovo macinati (ricchi di calcio e altri minerali) al terreno. Questi approcci possono contribuire a mantenere un equilibrio nutrizionale nel lungo termine e favorire la salute delle piante.

In sintesi, l'integrazione dei micronutrienti è fondamentale per garantire una crescita sana e vigorosa delle piante nell'orto. Con una comprensione adeguata della loro importanza e un dosaggio appropriato, è possibile massimizzare il rendimento e la qualità del raccolto.

5. Monitoraggio del pH del Suolo: Ottimizzazione dell'Assorbimento dei Nutrienti

Il monitoraggio del pH del suolo è un aspetto cruciale nella gestione della nutrizione delle piante nell'orto, poiché il pH influisce direttamente sull'assorbimento dei nutrienti da parte delle piante. Il pH del suolo indica il livello di acidità o alcalinità del terreno e può variare da acido (inferiore a 7), neutro (7) o alcalino (superiore a 7). Ogni pianta ha un intervallo di pH ottimale in cui può assorbire i nutrienti in modo efficiente e ottimale. Un pH del suolo inadatto può limitare l'assorbimento di alcuni nutrienti essenziali, anche se presenti in quantità adeguate nel terreno.

Per ottimizzare l'assorbimento dei nutrienti, è fondamentale mantenere il pH del suolo entro il range ottimale per le piante coltivate. Per fare ciò, è necessario effettuare regolarmente test del pH del suolo utilizzando appositi kit o strumenti di monitoraggio. Questi test forniscono una valutazione accurata del pH del terreno, consentendo agli orticoltori di prendere misure correttive quando necessario.

Se il pH del suolo è troppo acido, al di sotto del range ottimale per le piante coltivate, è possibile correggerlo aggiungendo sostanze alcaline come la calce agricola. La calce agricola, o carbonato di calcio, aumenta il pH del suolo rendendolo meno acido e più neutro o leggermente alcalino. D'altra parte, se il pH del suolo è troppo alcalino, è possibile abbassarlo aggiungendo sostanze acidificanti come il solfato di ferro o l'acido solforico.

La correzione del pH del suolo dovrebbe essere effettuata gradualmente e attentamente monitorata per evitare squilibri eccessivi che potrebbero danneggiare le piante. È consigliabile seguire attentamente le istruzioni sull'etichetta dei correttori di pH e testare periodicamente il terreno per valutare l'efficacia delle correzioni apportate.

Oltre alla correzione del pH del suolo, è importante considerare anche la gestione a lungo termine della salute del suolo. L'aggiunta di compost e altri materiali organici può aiutare a mantenere un pH equilibrato nel tempo, fornendo una fonte continua di nutrienti alle piante e migliorando la struttura del suolo.

In conclusione, il monitoraggio e l'ottimizzazione del pH del suolo sono fondamentali per garantire un'assorbimento ottimale dei nutrienti da parte delle piante nell'orto. Con una gestione oculata e regolare, è possibile creare un ambiente ideale per la crescita sana e vigorosa delle piante.

XI. Protezione dalle Pest: Rimedi Naturali e Soluzioni Fai-da-te

1. Identificazione delle Pest: Riconoscere i Segni e le Specie Dannose

Nel contesto dell'orticultura, l'identificazione accurata delle pest rappresenta un pilastro fondamentale per la gestione efficace di un orto prospero e sano. Riconoscere i segni e le specie dannose è una competenza essenziale che ogni coltivatore dovrebbe possedere. Questo capitolo si propone di fornire un quadro esaustivo su come individuare le pest, permettendo ai lettori di acquisire una comprensione approfondita delle minacce potenziali e delle strategie di difesa da adottare.

Le pest possono manifestarsi in una molteplicità di forme e comportamenti, e il loro impatto sulle piante può variare notevolmente. Pertanto, è essenziale essere in grado di riconoscere una vasta gamma di segni e sintomi che indicano la presenza di infestazioni dannose. Questi segni possono includere danni evidenti alle foglie, come fori, macchie o necrosi, nonché anomalie sulle parti aeree o radici delle piante. In alcuni casi, le pest possono essere direttamente osservate sulle piante, come insetti o parassiti visibili a occhio nudo o sottoforma di tracce lasciate sulle superfici delle foglie o del terreno.

Tuttavia, non tutte le minacce sono visibili a prima vista. Alcune pest, come i patogeni fungini o batterici, possono causare sintomi sottili ma altrettanto dannosi, come muffe, marciumi o deformazioni delle piante. Questa diversità di segni e sintomi richiede una capacità di osservazione attenta e una conoscenza approfondita delle pest e delle loro modalità di attacco.

Oltre al riconoscimento dei segni diretti di infestazione, è importante essere in grado di identificare le specie specifiche coinvolte. Ogni pest ha le proprie caratteristiche distintive e preferenze alimentari, il che significa che le strategie di controllo efficaci possono variare notevolmente in base alla specie coinvolta. Pertanto, un'accurata identificazione delle pest è il primo passo verso l'attuazione di interventi mirati e efficaci per proteggere le piante dall'attacco dannoso.

In questo capitolo, esploreremo dettagliatamente i segni e i sintomi più comuni associati alle pest, fornendo inoltre indicazioni pratiche su come riconoscere e distinguere le specie dannose. Attraverso l'analisi di casi studio e l'illustrazione di tecniche di identificazione specifiche, i lettori saranno in grado di affinare le proprie competenze nel riconoscimento delle pest e di adottare misure preventive e di controllo appropriate per proteggere la salute e la vitalità del proprio orto.

2. Tecniche di Controllo Preventivo: Ridurre l'Insorgenza delle Pest

Il controllo preventivo delle pest rappresenta un approccio fondamentale per mantenere la salute e la produttività dell'orto senza dover ricorrere a interventi drastici o chimici una volta che i problemi sono già insorti. Questo paragrafo esplorerà una serie di tecniche preventive che i coltivatori possono adottare per ridurre al minimo l'insorgenza delle pest e proteggere le loro coltivazioni in modo sostenibile e naturale.

Una delle prime strategie preventive è quella di mantenere un ambiente equilibrato e salutare nell'orto. Questo può essere ottenuto attraverso pratiche agronomiche olistiche, come la rotazione delle colture, che aiuta a prevenire la proliferazione di pest specifiche legate a determinate piante. Inoltre, la promozione della biodiversità vegetale e la creazione di habitat per predatori naturali delle pest possono contribuire a mantenere l'equilibrio ecologico dell'orto, limitando l'insorgenza di infestazioni dannose.

Un'altra tecnica preventiva efficace è l'impiego di barriere fisiche o meccaniche per proteggere le piante dagli attacchi delle pest. Queste possono includere l'utilizzo di reti antinsetto per proteggere le colture da infestazioni di insetti volanti, l'installazione di trappole per catturare e monitorare la presenza di pest, o l'impiego di dispositivi di protezione fisica come coperture di tessuto non tessuto per prevenire l'accesso agli insetti dannosi.

La promozione della salute delle piante attraverso pratiche di gestione del suolo e dell'irrigazione ottimali è un'altra strategia chiave nel controllo preventivo delle pest. Le piante sane e robuste sono meno suscettibili agli attacchi delle pest e hanno maggiori capacità di difendersi autonomamente contro le infestazioni. Pertanto, mantenere un adeguato livello di umidità nel suolo, fornire una corretta alimentazione tramite fertilizzanti organici bilanciati e favorire la crescita delle radici attraverso la pratica del compostaggio sono tutti metodi efficaci per migliorare la resistenza delle piante alle pest.

Infine, l'educazione e la consapevolezza sono fondamentali per un efficace controllo preventivo delle pest. I coltivatori dovrebbero essere in grado di riconoscere i primi segni di infestazione e adottare misure correttive tempestive prima che i problemi diventino gravi. Attraverso la formazione e la condivisione di informazioni sulle pest e sulle loro abitudini, i coltivatori possono sviluppare una migliore comprensione delle sfide potenziali e implementare strategie di prevenzione appropriate.

In sintesi, il controllo preventivo delle pest è un pilastro fondamentale della gestione integrata delle pest, che mira a ridurre l'insorgenza di infestazioni dannose attraverso l'adozione di pratiche agronomiche sostenibili e l'impiego di tecniche naturali e meccaniche. Implementando queste strategie, i coltivatori possono proteggere le loro coltivazioni in modo efficace e rispettoso dell'ambiente, garantendo al contempo la salute e la produttività del loro orto.

3. Rimedi Naturali per le Pest: Approcci Non Tossici e Sostenibili

Nel contesto dell'orto, l'uso di rimedi naturali per contrastare le pest rappresenta un approccio rispettoso dell'ambiente e della salute umana, fornendo soluzioni non tossiche e sostenibili per proteggere le coltivazioni. Questo paragrafo esplorerà una serie di rimedi naturali efficaci che i coltivatori possono utilizzare per gestire le pest in modo sicuro ed ecologico.

Uno dei rimedi naturali più comuni è l'impiego di estratti vegetali e oli essenziali con proprietà insetticide o repellenti. Ad esempio, l'olio di neem, estratto dai semi dell'albero di neem, è noto per le sue proprietà repellenti nei confronti di una vasta gamma di insetti dannosi, tra cui afidi, cocciniglie e acari. Similmente, l'olio di menta piperita, estratto dalle foglie di questa pianta aromatica, può essere utilizzato per respingere insetti volanti come mosche e zanzare. Questi rimedi possono essere applicati diluiti in acqua e spruzzati sulle piante per proteggerle dagli attacchi delle pest.

Un altro approccio naturale consiste nell'utilizzare insetti predatori o parassitoidi per controllare le popolazioni di pest. Ad esempio, il rilascio di coccinelle o crisopeidi nell'orto può aiutare a controllare le infestazioni di afidi, poiché questi insetti predatori si nutrono delle uova e delle larve degli afidi, riducendo così la loro presenza sulle piante. Allo stesso modo, l'introduzione di nematodi entomopatogeni nel terreno può essere efficace nel contrastare le larve di alcuni insetti nocivi, come le larve di coleotteri.

Oltre agli insetti predatori, alcune piante aromatiche e erbe possono agire come repellenti naturali contro le pest. Ad esempio, la pianta di basilico, oltre a essere una pianta culinaria popolare, emette un profumo che può respingere insetti come le zanzare. Allo stesso modo, il rosmarino e la lavanda possono essere coltivati intorno all'orto per creare una barriera naturale contro insetti dannosi come le zanzare e le falene.

Infine, il ricorso a pratiche di lotta biologica, come l'uso di trappole adesive o feromoni per catturare gli insetti dannosi, può contribuire a ridurre le popolazioni di pest in modo selettivo e mirato. Queste trappole possono essere posizionate strategicamente nell'orto per monitorare la presenza e l'attività delle pest e ridurne l'impatto senza l'uso di sostanze chimiche dannose per l'ambiente e la salute umana.

In conclusione, l'utilizzo di rimedi naturali per contrastare le pest rappresenta un'alternativa sicura, ecologica e sostenibile ai pesticidi chimici. Incorporando questi approcci nell'ambito della gestione integrata delle pest, i coltivatori possono proteggere le loro coltivazioni in modo efficace e rispettoso dell'ambiente, preservando al contempo la salute del suolo, delle piante e degli esseri viventi che popolano l'orto.

4. Soluzioni Fai-da-te per il Controllo delle Pest: Metodi Pratici e Accessibili

Nel contesto della gestione delle pest nell'orto, esistono numerose soluzioni fai-da-te che i coltivatori possono adottare per controllare efficacemente le infestazioni senza ricorrere a prodotti chimici nocivi. Questo paragrafo esplorerà una serie di metodi pratici e accessibili che possono essere facilmente implementati da chiunque desideri proteggere le proprie coltivazioni in modo naturale ed economico.

Una delle soluzioni fai-da-te più comuni è la creazione di trappole fai-da-te per catturare gli insetti dannosi. Ad esempio, per controllare le infestazioni di lumache e chiocciole, è possibile utilizzare recipienti riempiti con birra o una soluzione di acqua e lievito, che attirerà gli insetti che annegheranno nel liquido. Allo stesso modo, le trappole adesive possono essere realizzate con cartoncino giallo o blu rivestito di colla appiccicosa per catturare mosche bianche, afidi e altri insetti volanti.

Un'altra soluzione fai-da-te è l'impiego di miscele di sostanze naturali per respingere le pest. Ad esempio, una miscela di aglio tritato e peperoncino può essere utilizzata come spray repellente per tenere lontani afidi, mosche e insetti masticatori. Basta mescolare aglio tritato e peperoncino con acqua e un po' di sapone per creare un deterrente naturale e spruzzarlo sulle piante interessate.

Inoltre, i coltivatori possono sfruttare le proprietà repellenti di alcune piante aromatiche per proteggere le loro coltivazioni. Ad esempio, la coltivazione di calendula, nasturzio o tagetes intorno all'orto può contribuire a tenere lontani insetti dannosi come afidi, zanzare e mosche bianche grazie al loro odore sgradevole per gli insetti.

Un'altra tecnica fai-da-te efficace è l'uso di barriere fisiche per proteggere le piante dalle pest. Ad esempio, è possibile utilizzare reti o teli di protezione per coprire le coltivazioni e impedire l'accesso agli insetti dannosi. Questo è particolarmente utile per proteggere le piante da uccelli, lepidotteri e altri insetti volanti che possono danneggiare le colture.

Infine, i coltivatori possono sfruttare il potere delle piante repellenti o insettifughe per proteggere le loro coltivazioni. Ad esempio, la pianta di basilico o la menta piperita, coltivate intorno all'orto o intercalate tra le coltivazioni, possono aiutare a tenere lontani insetti come zanzare, moscerini e mosche grazie al loro odore aromatico che disturba gli insetti.

In conclusione, le soluzioni fai-da-te per il controllo delle pest offrono un'alternativa sicura, economica ed ecologica ai pesticidi chimici. Sfruttando materiali di facile reperibilità e tecniche accessibili, i coltivatori possono proteggere le loro coltivazioni in modo efficace e naturale, preservando l'equilibrio dell'ecosistema e la salute delle piante.

5. Monitoraggio Costante delle Pest: Strumenti e Tecniche per una Gestione Efficace

Il monitoraggio costante delle pest è fondamentale per una gestione efficace delle infestazioni nell'orto. Esistono diversi strumenti e tecniche che i coltivatori possono utilizzare per rilevare tempestivamente la presenza di insetti dannosi e altre pest e adottare le misure appropriate per limitarne l'entità e il danno causato alle coltivazioni.

Uno dei primi passi nel monitoraggio delle pest è l'ispezione visiva regolare delle piante. I coltivatori dovrebbero dedicare del tempo ogni giorno per osservare attentamente le loro coltivazioni, cercando segni evidenti di infestazioni come macchie sulle foglie, presenza di insetti sulle piante, danni alle foglie o ai frutti e presenza di escrementi di insetti. L'osservazione diretta è un metodo efficace per individuare le pest precocemente e intervenire tempestivamente.

Inoltre, i coltivatori possono avvalersi dell'uso di trappole elettroniche o meccaniche per catturare e monitorare la presenza di insetti volanti nell'orto. Le trappole luminose ad attrazione UV sono particolarmente efficaci nel catturare insetti notturni come lepidotteri e zanzare, mentre le trappole adesive possono essere utilizzate per catturare insetti volanti come afidi, moscerini e mosche bianche. Questi dispositivi forniscono ai coltivatori informazioni preziose sulla presenza e sull'entità delle infestazioni.

Inoltre, l'uso di feromoni può essere un'ulteriore strategia per il monitoraggio e il controllo delle pest. I feromoni sono sostanze chimiche naturali prodotte dagli insetti per comunicare tra loro e possono essere utilizzati per attirare gli insetti in trappole specifiche. Ad esempio, i feromoni sessuali possono essere utilizzati per attirare insetti maschi di specie dannose in trappole, consentendo ai coltivatori di monitorare la presenza di tali insetti e adottare misure preventive o di controllo.

Infine, l'utilizzo di tecnologie avanzate come le immagini termiche o le telecamere di sorveglianza può aiutare i coltivatori a monitorare le pest in modo più efficiente e accurato, consentendo loro di rilevare cambiamenti nelle condizioni delle piante o la presenza di insetti dannosi anche durante la notte o in condizioni di scarsa visibilità.

In conclusione, il monitoraggio costante delle pest è cruciale per una gestione efficace delle infestazioni nell'orto. Utilizzando una combinazione di ispezione visiva, trappole, feromoni e tecnologie avanzate, i coltivatori possono identificare tempestivamente la presenza di pest e adottare le misure appropriate per proteggere le proprie coltivazioni.

XII. Piante Companion: Sostenere la Biodiversità e Ridurre i Problemi

1. Introduzione alle Piante Companion: Promuovere una Complementarità Benefica

Le piante companion rappresentano un concetto fondamentale nell'orticoltura che mira a promuovere una complementarità benefica tra le varie specie vegetali coltivate. Questo approccio si basa sull'idea che alcune piante possano interagire in modo positivo, fornendosi reciprocamente benefici che favoriscono la crescita e la salute delle piante coinvolte.

L'obiettivo principale delle piante companion è quello di creare un ambiente di crescita ottimale per le colture, riducendo al contempo i problemi legati a infestazioni di pest e malattie. Questo avviene attraverso diversi meccanismi, tra cui la promozione della biodiversità, la protezione delle piante da parassiti specifici e l'aumento dell'efficienza nell'assorbimento dei nutrienti dal suolo.

Ad esempio, alcune piante companion possono agire come repellenti naturali per insetti dannosi, grazie alle sostanze chimiche che emettono o al loro odore, che può mascherare quello delle piante ospiti. Altre piante, invece, possono attrarre insetti utili che si nutrono di insetti dannosi o che contribuiscono alla loro riduzione tramite la predazione.

Inoltre, le piante companion possono favorire il miglioramento della struttura del suolo e la sua fertilità, grazie alla loro capacità di fissare azoto dall'aria, accumulare nutrienti nelle loro radici o rilasciare sostanze nutritive nel terreno tramite il loro decomposizione.

Un esempio pratico di piante companion sono le carote e il prezzemolo, che crescono bene insieme poiché le carote respingono le mosche della carota mentre il prezzemolo attira api e altre specie di insetti benefici. Allo stesso modo, il basilico può essere coltivato accanto ai pomodori per migliorare il loro sapore e respingere afidi e mosche bianche.

In conclusione, le piante companion offrono un approccio naturale e sostenibile per migliorare la salute e la produttività dell'orto, riducendo la necessità di interventi chimici e promuovendo un ambiente equilibrato e armonioso per la crescita delle piante orticole.

2. Selezione delle Piante Companion: Scegliere Specie Sinergiche per l'Orto

La selezione delle piante companion è un processo fondamentale per ottenere i massimi benefici nel proprio orto. È importante scegliere specie sinergiche che possano interagire in modo positivo e complementare, fornendo vantaggi reciproci alle piante coinvolte. Questa scelta dipende da diversi fattori, tra cui il clima, il terreno, le condizioni di crescita e le esigenze specifiche delle colture.

Una strategia efficace nella selezione delle piante companion è considerare le caratteristiche delle singole piante, inclusi i loro requisiti di luce, acqua, nutrimento e spazio. È importante trovare piante che si adattino bene alle stesse condizioni ambientali e che abbiano esigenze simili per evitare conflitti competitivi e favorire una crescita armoniosa.

Inoltre, è utile considerare le proprietà delle piante companion che possono contribuire alla protezione e alla promozione della crescita delle altre piante nell'orto. Ad esempio, alcune piante possono essere selezionate per le loro capacità di respingere insetti dannosi o di attirare insetti predatori utili. Altre possono essere scelte per la loro capacità di arricchire il suolo con nutrienti o di fornire ombra e sostegno strutturale alle colture vicine.

Un altro aspetto importante nella selezione delle piante companion è la rotazione colturale. È consigliabile alternare le specie coltivate in modo da prevenire l'accumulo di malattie e parassiti specifici nel terreno e favorire un equilibrio nell'ecosistema dell'orto. Le piante companion possono essere selezionate in modo da facilitare la rotazione colturale, ad esempio coltivando piante che appartengono a famiglie botaniche diverse in successione.

Per facilitare la scelta delle piante companion più adatte per il proprio orto, è possibile consultare guide specializzate o risorse online che forniscono informazioni dettagliate su combinazioni efficaci e pratiche colturali consigliate. Inoltre, l'esperienza personale e l'osservazione diretta delle interazioni tra le piante nell'orto possono fornire preziosi suggerimenti per una selezione ottimale.

In conclusione, la selezione accurata delle piante companion è fondamentale per massimizzare i benefici dell'orto e favorire una crescita sana e vigorosa delle colture. Scegliere specie sinergiche e pianificare attentamente la disposizione delle piante nell'orto possono contribuire a creare un ambiente equilibrato e armonioso che favorisce la salute e la produttività delle piante orticole.

3. Tecniche di Collocamento delle Piante Companion: Ottimizzare l'Interazione Positiva

Per ottimizzare l'interazione positiva tra le piante companion, è essenziale adottare tecniche di collocamento strategiche nell'orto. Queste tecniche mirano a massimizzare i benefici reciproci tra le diverse specie vegetali, creando un ambiente sinergico che favorisca la crescita e la salute delle piante.

Una delle prime considerazioni nel collocamento delle piante companion è la disposizione spaziale nell'orto. È importante pianificare attentamente la posizione delle diverse specie in base alle loro esigenze di spazio e alle loro interazioni reciproche. Ad esempio, le piante più alte dovrebbero essere posizionate sul lato nord dell'orto in modo da non ombreggiare le piante più basse durante le ore diurne. Inoltre, è utile disporre le piante in gruppi o blocchi in base alle loro esigenze di luce, acqua e nutrimento, facilitando così la gestione e l'irrigazione dell'orto.

Un'altra tecnica efficace è l'intercalare le piante companion tra le colture principali. Questo metodo, noto anche come piantagione mista, prevede di alternare le specie vegetali lungo le file o all'interno delle aiuole. In questo modo, le piante companion possono svolgere il loro ruolo protettivo o sinergico direttamente vicino alle colture principali, massimizzando l'efficacia delle interazioni tra le piante.

Inoltre, è importante considerare la diversità delle piante companion nell'orto. Introdurre una varietà di specie vegetali può favorire una maggiore biodiversità, creando un ambiente più resiliente e resistente alle malattie e agli attacchi da parte delle pest. Inoltre, la diversità delle piante può attrarre una gamma più ampia di insetti benefici, come predatori naturali e impollinatori, che contribuiscono alla salute complessiva dell'ecosistema dell'orto.

Una tecnica specifica che può essere utilizzata per ottimizzare l'interazione tra le piante companion è la pratica della successione stagionale. Questo approccio prevede di piantare specie companion in successione durante la stagione di crescita, in modo da massimizzare l'utilizzo dello spazio e delle risorse nell'orto. Ad esempio, una volta che una coltura principale è stata raccolta, è possibile sostituirla con una specie companion che può fornire nutrimento al terreno o respingere le pest per la successiva coltura.

Infine, è importante osservare attentamente le interazioni tra le piante nell'orto e apportare eventuali regolazioni in base alle osservazioni. Ogni orto è unico e le condizioni possono variare, quindi è essenziale adattare le tecniche di collocamento in base alle esigenze specifiche del proprio ambiente e delle proprie colture.

4. Benefici delle Piante Companion: Incremento della Resilienza e Riduzione dei Rischi

Le piante companion offrono una serie di benefici che contribuiscono all'incremento della resilienza dell'orto e alla riduzione dei rischi associati alla coltivazione. Questi benefici si manifestano attraverso una serie di meccanismi sinergici che favoriscono la crescita e la salute delle piante, riducendo al contempo la vulnerabilità dell'orto a malattie e infestazioni da parte delle pest.

Uno dei principali vantaggi delle piante companion è la promozione della biodiversità nell'orto. Introdurre una varietà di specie vegetali crea un ecosistema più complesso e robusto, in grado di sopportare meglio le sfide ambientali e le variazioni climatiche. La diversità delle piante favorisce la presenza di una gamma più ampia di insetti benefici e microorganismi del suolo, contribuendo a mantenere l'equilibrio ecologico e a ridurre la proliferazione di pest dannose.

Inoltre, le piante companion possono svolgere un ruolo attivo nella protezione delle colture principali. Alcune specie companion, ad esempio, emettono sostanze chimiche volatili o oli essenziali che respingono insetti nocivi o disturbano il ciclo di vita delle pest, riducendo così la necessità di utilizzare pesticidi chimici. Altre piante companion possono attrarre insetti predatori che si nutrono delle pest, fornendo così un controllo biologico naturale e sostenibile.

Oltre alla protezione dalle pest, le piante companion possono anche migliorare la fertilità del suolo e la disponibilità di nutrienti per le colture principali. Alcune specie companion, ad esempio, sono in grado di fissare l'azoto atmosferico nel terreno, arricchendo così il suolo con questo importante nutriente senza la necessità di fertilizzanti chimici. Altre piante companion hanno radici profonde che aiutano ad arieggiare il terreno e a migliorare il drenaggio, riducendo il rischio di ristagno idrico e malattie radicolari.

Inoltre, le piante companion possono contribuire alla lotta alle infestanti, competendo con loro per lo spazio, la luce e i nutrienti. La densità della piantagione mista può ridurre la disponibilità di risorse per le infestanti, limitandone così la crescita e la diffusione nell'orto. Allo stesso tempo, alcune piante companion possono rilasciare composti chimici nel terreno che inibiscono la germinazione delle infestanti o ostacolano il loro sviluppo.

Infine, le piante companion possono migliorare la resistenza delle colture principali alle condizioni ambientali avverse, come siccità, eccesso di pioggia o temperature estreme. La presenza di una copertura vegetale diversificata può ridurre lo stress idrico sulle piante, proteggendo le radici dal surriscaldamento eccessivo o dal raffreddamento eccessivo del terreno.

In definitiva, le piante companion rappresentano un elemento fondamentale nella progettazione e nella gestione di un orto sostenibile e resiliente.

5. Gestione delle Piante Companion: Mantenere un Equilibrio Armonioso nell'Orto

La gestione delle piante companion richiede una costante attenzione per mantenere un equilibrio armonioso nell'orto. Questo equilibrio è fondamentale per massimizzare i benefici delle piante companion e garantire una crescita sana e vigorosa delle colture principali. Per mantenere un equilibrio ottimale, è importante adottare diverse pratiche di gestione e monitoraggio.

Innanzitutto, è essenziale pianificare attentamente la disposizione delle piante companion all'interno dell'orto. Questo include la scelta delle specie companion più adatte alle colture principali e la definizione di un layout che favorisca le interazioni positive tra le piante. Ad esempio, è possibile collocare piante che attraggono insetti predatori vicino alle colture vulnerabili alle pest, creando così una barriera naturale di difesa.

Inoltre, è importante tenere sotto controllo la crescita delle piante companion per evitare che diventino invasive o soffochino le colture principali. Ciò può richiedere potature regolari, diradamenti o addirittura la rimozione di alcune piante companion se necessario. Mantenere un equilibrio tra la densità delle piante companion e lo spazio disponibile per le colture principali è fondamentale per garantire che tutte le piante ricevano la luce, l'acqua e i nutrienti di cui hanno bisogno per crescere bene.

Inoltre, è importante monitorare attentamente la salute delle piante companion e delle colture principali per rilevare tempestivamente eventuali segni di malattie o infestazioni da pest. L'adozione di pratiche di gestione integrata delle pest può aiutare a prevenire la diffusione di malattie e a mantenere l'orto in buona salute. Ciò può includere l'uso di tecniche culturali, come la rotazione delle colture e la pulizia degli utensili da giardinaggio, nonché l'applicazione mirata di rimedi naturali, come estratti vegetali o decotti di piante aromatiche.

Infine, è importante promuovere la diversità vegetale nell'orto, non solo attraverso le piante companion, ma anche attraverso la coltivazione di una varietà di colture principali. Questo contribuisce a creare un ambiente più resiliente e a ridurre il rischio di infestazioni e malattie. Inoltre, promuovere la biodiversità può migliorare la qualità del suolo e favorire la presenza di insetti benefici e altri organismi utili per la salute dell'orto.

Mantenere un equilibrio armonioso nell'orto richiede tempo, attenzione e pratica, ma i benefici a lungo termine per la salute delle piante e la produttività dell'orto ne rendono sicuramente meritevole lo sforzo.

XIII. Coltivare in Vaso: Soluzioni per Spazi Ridotti e Balconi

1. Selezione dei Contenitori: Scegliere il Vaso Ideale per le Tue Piante

La scelta del contenitore è un passo cruciale nella coltivazione in vaso poiché influisce direttamente sulla salute e sul successo delle tue piante. Esistono una vasta gamma di opzioni tra cui scegliere, ognuna con caratteristiche specifiche che possono adattarsi alle esigenze delle tue piante e alle condizioni del tuo spazio.

Innanzitutto, considera le dimensioni del contenitore. Questo dovrebbe essere proporzionato alle dimensioni della pianta che desideri coltivare, fornendo abbastanza spazio per lo sviluppo delle radici e un adeguato sostegno al fusto. Per le piante più grandi, come pomodori o arbusti di peperoncino, potresti optare per contenitori più grandi, mentre per le erbe aromatiche o le verdure a crescita verticale, contenitori più piccoli potrebbero essere sufficienti.

Oltre alle dimensioni, considera anche il materiale del contenitore. I vasi in terracotta sono popolari per la loro porosità, che favorisce la traspirazione e previene il ristagno dell'acqua, ma possono richiedere una maggiore frequenza di annaffiature. I contenitori in plastica sono leggeri e duraturi, ma possono ritenere più calore rispetto a quelli in terracotta. I vasi autoirriganti offrono un'opzione conveniente per chi ha poco tempo da dedicare all'irrigazione quotidiana.

Inoltre, assicurati che il contenitore abbia fori di drenaggio sufficienti sul fondo per consentire all'acqua in eccesso di defluire. Il drenaggio adeguato è essenziale per evitare il ristagno dell'acqua, che potrebbe portare al marciume delle radici e ad altri problemi di salute delle piante.

Considera anche l'estetica del contenitore e come si integra con il tuo spazio esterno o interno. Potresti scegliere contenitori che si abbinano al tuo arredamento o che aggiungono un tocco decorativo al tuo giardino o balcone.

Infine, valuta la portabilità del contenitore. Se prevedi di spostare spesso le tue piante per seguire il sole o evitare temperature estreme, potrebbe essere utile optare per contenitori leggeri o dotati di ruote.

Prenditi il tempo necessario per esaminare attentamente le opzioni disponibili e scegliere il contenitore che meglio si adatta alle esigenze specifiche delle tue piante e alle tue preferenze personali. Una scelta oculata del contenitore può fare la differenza tra una coltivazione in vaso di successo e una delusione.

2. Terreno e Sustrato: Preparare un Substrato Nutriente per il Successo della Coltivazione in Vaso

Per ottenere una coltivazione in vaso di successo, è essenziale preparare un substrato nutriente che fornisca alle piante tutto ciò di cui hanno bisogno per crescere e prosperare. La scelta del terreno e del substrato giusti è fondamentale per garantire una buona crescita delle radici, un'adeguata nutrizione e un corretto drenaggio. Ecco alcuni passaggi pratici per preparare un substrato ottimale per la tua coltivazione in vaso:

1. Selezione del terreno: Inizia con un terreno di qualità che fornisca una base sana per le tue piante. Puoi utilizzare un terreno da giardino di buona qualità o preparare il tuo mix combinando terriccio da giardino con compost maturo. Evita terreni pesanti o argillosi che possono trattenere troppa acqua e causare il marciume delle radici.

2. Aggiunta di compost: Il compost è una preziosa fonte di nutrienti organici essenziali per le piante. Mescola il compost maturo nel terreno per arricchirlo e migliorare la sua struttura. Il compost aiuta a rafforzare il sistema radicale, promuovere la crescita delle piante e migliorare la capacità di ritenzione idrica del terreno.

3. Integrazione di materiale organico: Aggiungi altri materiali organici come torba, perlite o vermiculite per migliorare il drenaggio e la areazione del terreno. La torba aiuta a trattenere l'umidità, mentre la perlite e la vermiculite favoriscono il drenaggio e impediscono il ristagno dell'acqua.

4. Bilanciamento dei nutrienti: Assicurati che il substrato contenga una gamma equilibrata di nutrienti essenziali per la crescita delle piante, tra cui azoto, fosforo, potassio e altri micronutrienti. Puoi aggiungere fertilizzanti organici o composti minerali per garantire che le piante ricevano tutto il nutrimento di cui hanno bisogno.

5. Controllo del pH: Verifica e regola il pH del substrato per garantire un ambiente ottimale per l'assorbimento dei nutrienti da parte delle piante. La maggior parte delle piante da orto preferisce un pH leggermente acido, compreso tra 6,0 e 7,0. Puoi regolare il pH aggiungendo materiali alcalini come farina di dolomite per aumentarlo o torba per abbassarlo.

Preparare un substrato nutriente è una fase essenziale nella coltivazione in vaso e richiede cura e attenzione per garantire una crescita sana e vigorosa delle piante. Seguendo questi passaggi e facendo eventuali aggiustamenti in base alle esigenze specifiche delle tue piante, sarai sulla buona strada per ottenere un orto rigoglioso e produttivo sul tuo balcone o terrazzo.

3. Irrigazione e Drenaggio: Gestire l'Acqua in Modo Efficace per Piante Sane e Prosperose

Una gestione efficace dell'irrigazione e del drenaggio è fondamentale per mantenere piante sane e prosperose in un ambiente di coltivazione in vaso. La corretta fornitura d'acqua assicura che le piante ricevano la quantità necessaria di umidità per crescere, fiorire e produrre frutti abbondanti, mentre un sistema di drenaggio adeguato previene il ristagno dell'acqua che potrebbe causare marciume delle radici e altre problematiche.

Ecco alcuni suggerimenti pratici per gestire l'irrigazione e il drenaggio in modo efficace:

1. Monitoraggio delle esigenze idriche delle piante:
Osserva attentamente le tue piante e valuta le loro
esigenze idriche. Piante diverse possono richiedere
quantità di acqua diverse a seconda della specie, delle
dimensioni del vaso, delle condizioni climatiche e delle
stagioni. Controlla il terreno regolarmente per
determinare se ha bisogno di essere irrigato.

2. Irrigazione regolare e uniforme: Fornisci acqua alle tue
piante regolarmente, ma evita di inondare il terreno. Una
buona pratica è irrigare lentamente e gradualmente fino
a quando il terreno è completamente idratato. Assicurati
che l'acqua raggiunga uniformemente tutte le radici delle
piante.

3. Drenaggio efficace: Assicurati che i tuoi vasi siano
dotati di fori di drenaggio sul fondo per consentire
all'acqua in eccesso di defluire liberamente. Utilizza
materiale di drenaggio come ghiaia o cocci di terracotta
sul fondo del vaso per evitare il ristagno dell'acqua.
Evita di posizionare i vasi su superfici piatte che
potrebbero impedire il deflusso dell'acqua.

4. Utilizzo di sottovasi o vasi auto-irriganti: Considera
l'uso di sottovasi o vasi auto-irriganti che possono
aiutare a mantenere un livello costante di umidità nel
terreno. Questi vasi sono dotati di serbatoi d'acqua che
rilasciano gradualmente l'acqua alle radici delle piante
quando necessario, riducendo il rischio di irrigazione
eccessiva o insufficiente.

5. Controllo della qualità dell'acqua: Utilizza acqua di qualità per l'irrigazione delle tue piante in vaso. Evita l'uso di acqua clorata o troppo calcarea, poiché potrebbe danneggiare le radici delle piante nel tempo. Se l'acqua del rubinetto è di scarsa qualità, considera l'utilizzo di acqua piovana o acqua filtrata.

Seguendo queste pratiche per l'irrigazione e il drenaggio, potrai garantire un ambiente ottimale per le tue piante in vaso e promuovere la loro salute e vitalità nel lungo periodo.

4. Scelta delle Piante: Selezionare Specie Adatte alla Coltivazione in Vaso e al Clima del Balcone

La scelta delle piante giuste è cruciale per il successo della coltivazione in vaso e del giardinaggio su balconi, poiché le piante devono adattarsi allo spazio limitato e alle condizioni specifiche del clima. Ecco alcuni fattori da considerare quando si selezionano le piante per coltivare in vaso o su un balcone:

1. Dimensione del vaso: Prima di tutto, considera lo spazio disponibile sul balcone e scegli i vasi di dimensioni adeguate per le piante che desideri coltivare. Assicurati che i vasi siano abbastanza grandi da ospitare il sistema radicale delle piante e permettere lo sviluppo sano delle stesse.

2. Luce solare disponibile: Valuta l'esposizione al sole sul tuo balcone e seleziona piante che si adattano alle condizioni di luce disponibili. Alcune piante preferiscono l'ombra parziale, mentre altre prosperano alla luce diretta del sole. Assicurati di leggere le etichette delle piante per conoscere le loro esigenze di luce.

3. Clima locale: Considera il clima della tua zona e scegli piante che si adattano alle temperature e alle condizioni meteorologiche locali. Se vivi in un'area con inverni freddi, potresti dover selezionare piante resistenti al gelo o che possono essere portate all'interno durante i mesi più freddi.

4. Esigenze di irrigazione: Opta per piante che richiedono esigenze di irrigazione simili, in modo da semplificare la gestione dell'acqua sul tuo balcone. Evita di mescolare piante che richiedono quantità significativamente diverse di acqua, poiché potrebbe essere difficile soddisfare le loro esigenze idriche diverse.

5. Preferenze personali: Infine, considera le tue preferenze personali e il tipo di giardino che desideri creare sul tuo balcone. Scegli piante con fioriture e fogliame che ti piacciono e che si integrino bene con l'estetica del tuo spazio esterno.

Con una selezione oculata delle piante, potrai creare un giardino in vaso o su balcone che sia bello, funzionale e adatto alle tue esigenze specifiche.

5. Manutenzione e Cura: Strategie per Mantenere le Piante in Vaso Forti e Vitali

La manutenzione e la cura delle piante in vaso sono fondamentali per garantire che rimangano forti, vitali e produttive nel tempo. Ecco alcune strategie pratiche per prendersi cura delle piante in vaso:

1. Annaffiatura regolare: Mantenere il terreno dei vasi costantemente umido è essenziale per la salute delle piante. Tuttavia, è importante non eccedere con l'acqua, poiché il ristagno può portare a problemi di marciume radicale. Annaffia le piante regolarmente, ma assicurati di lasciare asciugare leggermente il terreno tra un'irrigazione e l'altra.

2. Fertilizzazione periodica: Le piante in vaso possono esaurire rapidamente i nutrienti presenti nel terreno. Per mantenere le piante vitali e promuovere una crescita sana, fertilizza regolarmente con un fertilizzante equilibrato, seguendo le dosi consigliate sull'etichetta del prodotto. Puoi optare per fertilizzanti organici o chimici, a seconda delle tue preferenze e del tipo di piante coltivate.

3. Potatura: La potatura regolare aiuta a mantenere le piante in vaso compatte e promuovere la crescita vigorosa. Rimuovi i rami e le foglie morte o danneggiate e effettua potature di formazione per mantenere la forma desiderata delle piante. Assicurati di utilizzare utensili da potatura affilati e puliti per evitare di danneggiare le piante.

4. Controllo dei parassiti e delle malattie: Ispeziona regolarmente le piante per individuare segni di infestazioni da parassiti o malattie. In caso di infestazioni lievi, puoi utilizzare rimedi naturali come olio di neem o sapone insetticida per controllare i parassiti. Se l'infestazione è più grave, potresti dover ricorrere a trattamenti più intensivi o all'eliminazione delle piante infette per prevenire la diffusione.

5. Controllo delle erbacce: Mantieni il terreno intorno alle
   piante libero dalle erbacce, che possono competere con
   le piante coltivate per acqua, nutrienti e luce solare.
   Rimuovi regolarmente le erbacce manualmente o
   utilizza pacciamatura per ridurre la crescita delle erbacce
   e mantenere il terreno pulito e sano.

6. Monitoraggio delle condizioni ambientali: Monitora
   costantemente le condizioni ambientali intorno alle tue
   piante in vaso, inclusa la temperatura, l'umidità e
   l'esposizione alla luce solare. Assicurati che le piante
   ricevano la giusta quantità di luce e proteggile da
   condizioni atmosferiche estreme o improvvisi sbalzi di
   temperatura.

Seguendo queste strategie di manutenzione e cura, potrai
godere di piante in vaso robuste, vitali e produttive sul tuo
balcone o in spazi ridotti, arricchendo il tuo ambiente con
bellezza e verde rigoglioso.

XIV. Orto Verticale: Sfruttare Altezze per un Utilizzo Ottimale dello Spazio

1. Selezione delle Piante per l'Orto Verticale: Specie Adatte alla Coltivazione Verticale

Quando si tratta di selezionare le piante per un orto verticale, è fondamentale scegliere specie adatte alla coltivazione in spazi verticali. La scelta delle piante giuste non solo determina il successo del progetto, ma influisce anche sulla salute e sulla produttività del giardino verticale. Prima di iniziare la selezione, è importante considerare diversi fattori, tra cui le condizioni ambientali, la disponibilità di luce solare e le preferenze personali dell'orticultore.

Le piante adatte per un orto verticale devono avere caratteristiche specifiche che le rendono adatte a crescere in spazi verticali. Ad esempio, è preferibile optare per piante con un sistema radicale poco invasivo e una crescita compatta, in modo da adattarsi meglio ai contenitori verticali e non soffocare le piante circostanti. Inoltre, è consigliabile scegliere specie che presentino una crescita verso l'alto, come le piante rampicanti o quelle che sviluppano steli lunghi e sottili.

Tra le piante più adatte per un orto verticale ci sono varietà di aromatiche come il rosmarino, la menta e il basilico, che non solo aggiungono profumo e sapore ai piatti cucinati, ma anche colori vivaci al giardino verticale. Le piante rampicanti come i fagioli rampicanti, i piselli da zucchero e i pomodori ciliegia sono anche ottime scelte per sfruttare al meglio lo spazio verticale disponibile, poiché si arrampicano e si estendono facilmente verso l'alto.

Inoltre, è importante considerare le esigenze specifiche di ciascuna pianta, come la quantità di luce solare necessaria, il fabbisogno idrico e le preferenze del suolo. Per esempio, le erbe aromatiche prediligono terreni ben drenati e un'esposizione al sole per gran parte della giornata, mentre le piante da frutto come i pomodori richiedono terreni ricchi di sostanze nutrienti e una quantità significativa di luce solare diretta.

La selezione delle piante per un orto verticale può essere un processo divertente e creativo, ma è importante fare attenzione a scegliere specie che si adattino alle condizioni specifiche del proprio spazio e che soddisfino le proprie esigenze culinarie e estetiche. Con una corretta selezione delle piante, è possibile creare un orto verticale rigoglioso e produttivo, che offre un'abbondanza di frutti, verdure e erbe aromatiche fresche direttamente dal proprio balcone o terrazza.

2. Strutture per l'Orto Verticale: Opzioni e Materiali per la Costruzione

Quando si progetta un orto verticale, la scelta della struttura gioca un ruolo cruciale nel determinare la sua stabilità, durabilità e funzionalità. Esistono numerose opzioni e materiali disponibili per la costruzione di strutture per orti verticali, ognuna con i propri vantaggi e svantaggi da considerare.

Una delle opzioni più comuni è rappresentata dai telai in legno, che offrono flessibilità e facilità di personalizzazione. Il legno è un materiale naturale, resistente e relativamente economico, che consente di creare strutture su misura per soddisfare le esigenze specifiche dello spazio e delle piante coltivate. È possibile utilizzare tavole di legno trattato per esterno, come il cedro o il pino, che resistono bene alle intemperie e all'umidità. I telai in legno possono essere progettati in vari stili e dimensioni, adattandosi perfettamente a balconi, terrazze o recinzioni.

Un'altra opzione popolare sono i telai metallici, realizzati in acciaio, ferro zincato o alluminio. Questi materiali sono estremamente resistenti e duraturi, ideali per supportare piante pesanti o per resistere alle condizioni climatiche avverse. I telai metallici offrono una maggiore stabilità rispetto a quelli in legno e possono essere progettati in stili moderni e minimalisti che si integrano perfettamente nell'ambiente circostante. Tuttavia, possono essere più costosi dei telai in legno e richiedono una maggiore attenzione durante l'installazione per evitare ruggine e corrosione nel tempo.

Un'opzione più economica e leggera sono i telai in plastica o PVC. Questi materiali sono leggeri, resistenti alle intemperie e facili da pulire, rendendoli ideali per l'uso in spazi esterni. I telai in plastica sono disponibili in una varietà di colori e stili e possono essere facilmente montati e smontati per la pulizia o lo stoccaggio. Tuttavia, possono essere meno robusti rispetto ai telai in legno o metallo e potrebbero non essere in grado di sostenere piante molto pesanti o di grandi dimensioni.

Inoltre, esistono soluzioni prefabbricate come i moduli modulari in tessuto o feltro, progettati specificamente per la coltivazione verticale. Questi sistemi offrono una maggiore flessibilità e facilità di installazione, consentendo di creare orti verticali in pochi semplici passaggi. I materiali porosi favoriscono il drenaggio dell'acqua in eccesso e la circolazione dell'aria intorno alle radici delle piante, promuovendo una crescita sana e vigorosa. Tuttavia, possono essere meno durevoli nel tempo rispetto alle strutture in legno o metallo e potrebbero richiedere sostituzioni più frequenti.

Indipendentemente dalla scelta della struttura, è fondamentale assicurarsi che sia sufficientemente robusta e stabile da sostenere il peso delle piante e del terreno, oltre a resistere alle condizioni atmosferiche esterne. Prendersi il tempo necessario per valutare le opzioni disponibili e progettare una struttura adatta alle proprie esigenze può fare la differenza tra un orto verticale di successo e uno che presenta problemi di stabilità o durabilità nel tempo.

3. Sistema di Irrigazione Verticale: Tecniche per un'Idratazione Equilibrata delle Piante

La scelta del sistema di irrigazione verticale è fondamentale per garantire un'irrigazione equilibrata e efficace delle piante, soprattutto considerando le sfide aggiuntive legate alla coltivazione in verticale. Esistono diverse tecniche e dispositivi che possono essere utilizzati per assicurare un'idratazione ottimale delle piante e massimizzare l'efficienza dell'acqua utilizzata.

Uno dei sistemi più comuni è rappresentato dai sistemi a goccia o a micro-irrigazione, che distribuiscono l'acqua direttamente alla base delle piante attraverso piccoli gocciolatori o tubi porosi. Questo permette di fornire acqua in modo mirato e controllato, riducendo al minimo lo spreco e evitando l'accumulo di acqua sulla superficie del terreno. I sistemi a goccia possono essere configurati con timer o sensori di umidità per garantire un'irrigazione automatica e regolare, riducendo al minimo l'intervento manuale.

Un'altra opzione sono i sistemi di irrigazione a colonna, che utilizzano serbatoi d'acqua posizionati in cima alla struttura verticale per permettere un'irrigazione per gravità. L'acqua viene rilasciata lentamente lungo la colonna, bagnando uniformemente le radici delle piante lungo il suo percorso. Questo sistema è particolarmente adatto per orti verticali di grandi dimensioni o in posizioni dove non è possibile avere un accesso diretto a una fonte d'acqua.

In alternativa, si possono utilizzare sistemi di irrigazione a nebulizzazione o spruzzo, che vaporizzano finemente l'acqua sopra le piante creando un ambiente umido e fresco. Questo tipo di irrigazione è particolarmente adatto per piante che preferiscono un'umidità elevata o per ambienti molto caldi e secchi. Tuttavia, è importante regolare attentamente la frequenza e la durata dell'irrigazione per evitare un'eccessiva umidità che potrebbe favorire lo sviluppo di malattie fungine o batteriche.

Infine, per i più esperti e gli appassionati di tecnologia, esistono sistemi di irrigazione completamente automatizzati e controllati tramite smartphone o computer. Questi sistemi utilizzano sensori di umidità del suolo, previsioni meteorologiche e algoritmi avanzati per calcolare esattamente quando e quanto irrigare, ottimizzando così l'uso dell'acqua e garantendo un'irrigazione precisa e efficiente.

Indipendentemente dal sistema scelto, è importante monitorare attentamente le esigenze idriche delle piante e regolare il sistema di irrigazione di conseguenza, adattandolo alle condizioni ambientali e alle variazioni stagionali. Con la giusta attenzione e cura, un sistema di irrigazione verticale può contribuire a mantenere le piante sane, vigorose e produttive, garantendo una coltivazione di successo anche in spazi ridotti.

4. Manutenzione dell'Orto Verticale: Strategie per la Cura delle Piante e la Rimozione dei Parassiti

La manutenzione dell'orto verticale è fondamentale per garantire la salute e la produttività delle piante nel tempo. Le seguenti strategie possono essere adottate per curare attentamente le piante e prevenire o gestire i parassiti in modo efficace.

Innanzitutto, è importante dedicare del tempo alla pulizia e alla cura regolare delle piante. Questo include la rimozione delle foglie morte o danneggiate, la potatura delle parti malate o infestate da parassiti e l'eliminazione di eventuali erbacce o detriti che potrebbero accumularsi intorno alle radici delle piante. Mantenere l'orto verticale pulito e ben curato non solo favorisce la crescita e la salute delle piante, ma riduce anche il rischio di malattie e infestazioni da parassiti.

Un'altra strategia importante è la rotazione delle colture, che prevede la variazione delle specie coltivate in determinate zone dell'orto verticale. Questo aiuta a prevenire l'esaurimento del terreno e a ridurre il rischio di infestazioni da parassiti specifici che potrebbero proliferare se le stesse specie vengono coltivate continuamente nello stesso luogo. Inoltre, la rotazione delle colture favorisce una migliore utilizzazione dei nutrienti nel terreno e contribuisce a mantenere l'equilibrio ecologico dell'orto verticale.

Per quanto riguarda la gestione dei parassiti, è importante adottare approcci integrati che combinino diverse strategie di controllo. Queste possono includere l'uso di insetticidi naturali a base di oli essenziali, estratti vegetali o batteri benefici che combattono i parassiti senza danneggiare le piante o l'ambiente circostante. Inoltre, l'installazione di trappole per insetti o barriere fisiche può aiutare a proteggere le piante dagli attacchi di parassiti volanti o striscianti.

Infine, è consigliabile monitorare regolarmente le piante per individuare tempestivamente segni di infestazione da parassiti o malattie. Ispezionare attentamente le foglie, i fiori e i frutti per eventuali segni di danneggiamento, macchie, muffe o presenza di insetti può aiutare a intervenire prontamente e adottare le misure correttive necessarie per proteggere le piante. Ad esempio, l'uso di rimedi naturali come il sapone insetticida o il bicarbonato di sodio può essere efficace nel combattere insetti o malattie comuni senza l'uso di sostanze chimiche dannose.

In conclusione, una corretta manutenzione dell'orto verticale, combinata con strategie di gestione integrata dei parassiti, può contribuire a garantire la salute e la produttività delle piante nel tempo, consentendo ai coltivatori di godere di un raccolto abbondante e di alta qualità.

5. Design dell'Orto Verticale: Suggerimenti per un Layout Funzionale e Esteticamente Gradevole

Quando si progetta un orto verticale, è importante tenere conto di diversi fattori per garantire un layout funzionale e esteticamente gradevole che massimizzi lo spazio disponibile e ottimizzi la crescita delle piante.

Innanzitutto, considera la disposizione delle piante in base alle loro esigenze di luce solare. Le piante che richiedono molta luce dovrebbero essere posizionate in cima all'orto verticale, dove ricevono la maggior parte della luce solare diretta, mentre le piante che preferiscono l'ombra possono essere collocate nella parte inferiore dell'orto. In questo modo, si sfrutta al meglio la luce disponibile e si evita l'ombreggiamento eccessivo tra le piante.

Inoltre, pensa alla distribuzione delle piante in base alle loro dimensioni e al loro sviluppo. Le piante più grandi e rampicanti possono essere posizionate alle estremità dell'orto verticale, dove hanno più spazio per espandersi e arrampicarsi, mentre le piante più piccole o rampicanti possono essere sistemate al centro o lungo i lati per riempire gli spazi vuoti e creare un aspetto più armonioso.

Considera anche l'accessibilità dell'orto verticale durante la fase di progettazione. Assicurati che le piante siano facilmente raggiungibili per l'irrigazione, la potatura e la raccolta, evitando di sovraccaricare una singola parete o sezione con troppe piante che potrebbero rendere difficile accedere a tutte le aree dell'orto.

Per un aspetto esteticamente gradevole, puoi anche giocare con i colori e le texture delle piante. Scegli una varietà di piante con fogliame di diversi colori, forme e dimensioni per creare contrasti interessanti e visivamente accattivanti. Ad esempio, puoi mescolare piante con fogliame verde scuro con altre con fogliame verde chiaro o variegato, o aggiungere piante con fiori colorati per un tocco di vivacità e bellezza.

Infine, considera l'uso di elementi decorativi o supporti aggiuntivi per arricchire il design dell'orto verticale. Puoi incorporare elementi come graticci, reti o supporti artistici per le piante rampicanti, o aggiungere contenitori decorativi o ornamenti per un tocco personale e unico.

Seguendo questi suggerimenti e tenendo conto delle esigenze specifiche delle tue piante, potrai creare un layout funzionale e esteticamente gradevole per il tuo orto verticale, che sia sia pratico da gestire che bello da guardare.

XV. Orto Invernale: Strategie per Continuare la Coltivazione durante i Mesi Freddi

1. Selezione delle Piante Invernali: Specie Resistenti alle Basse Temperature

Nel selezionare le piante per un orto invernale, è fondamentale scegliere specie che siano robuste e resistenti alle basse temperature tipiche di questa stagione. Optare per piante adatte al clima e in grado di sopravvivere alle condizioni avverse dell'inverno è essenziale per garantire una coltivazione di successo e mantenere un approvvigionamento di prodotti freschi anche durante i mesi più freddi dell'anno.

Una delle prime considerazioni nella selezione delle piante invernali è valutare la resistenza al freddo di ciascuna specie. Alcune piante sono naturalmente più adattate a temperature basse e possono sopravvivere e prosperare anche quando le temperature scendono al di sotto dello zero. Queste piante invernali resistenti possono includere varietà di verdure a foglia verde come cavolo, spinaci, cavolfiore e cavoli di vario genere. Allo stesso modo, molte erbe aromatiche come prezzemolo, timo, salvia e rosmarino possono sopportare bene le temperature fredde e continuare a crescere anche durante l'inverno.

Oltre alla resistenza al freddo, è importante considerare anche la durata del ciclo di crescita delle piante. Alcune specie hanno un ciclo di crescita più lungo e richiedono più tempo per maturare, quindi è necessario piantarle in anticipo rispetto all'inizio dell'inverno per consentire loro di svilupparsi completamente prima dell'arrivo delle temperature più rigide. Altre piante, come alcune varietà di lattuga e rucola, hanno un ciclo di crescita più breve e possono essere seminate anche più tardi in autunno per una raccolta invernale.

La selezione delle piante invernali dovrebbe anche tenere conto delle esigenze specifiche del proprio orto, compresa la disponibilità di luce solare e il tipo di terreno. Alcune piante possono richiedere condizioni di crescita particolari, quindi è importante scegliere specie che si adattino alle caratteristiche del proprio giardino.

Inoltre, è consigliabile diversificare la selezione delle piante invernali per garantire una varietà di prodotti da raccogliere durante i mesi più freddi. Integrare verdure a foglia verde con radici, come carote e rape, così come piante da frutto come cavoli e broccoli, può assicurare un orto invernale più ricco e bilanciato.

Infine, è utile consultare guide specifiche sulla coltivazione delle piante invernali e le raccomandazioni di giardinaggio locali per identificare le migliori opzioni per la propria area geografica e le condizioni climatiche specifiche. Fare ricerca e pianificare con cura la selezione delle piante invernali può aiutare a garantire una coltivazione di successo e una fornitura continua di prodotti freschi anche durante i mesi più freddi dell'anno.

2. Preparazione del Terreno: Tecniche per Ottimizzare la Crescita in Condizioni Fredde

La preparazione del terreno per un orto invernale è cruciale per garantire una crescita ottimale delle piante anche in condizioni fredde. Esistono diverse tecniche che possono essere impiegate per preparare il terreno e favorire una crescita sana e vigorosa durante i mesi invernali.

Innanzitutto, è importante iniziare con un terreno ben drenato e ricco di nutrienti. Durante l'autunno, prima che le temperature si abbassino troppo, è consigliabile lavorare il terreno per migliorarne la struttura e la fertilità. Ciò può includere l'aggiunta di compost maturo o letame ben decomposto per arricchire il terreno con nutrienti essenziali e migliorare la sua capacità di trattenere acqua senza diventare eccessivamente umido.

Una tecnica efficace per la preparazione del terreno in vista dell'inverno è la tecnica del mulching. Il mulching consiste nell'applicare uno strato di materiale organico sulla superficie del terreno per proteggerlo dalle basse temperature e ridurre la perdita di umidità. Questo strato di copertura può essere costituito da paglia, foglie secche, corteccia di legno o altri materiali organici. Il mulching non solo protegge le radici delle piante dal gelo, ma aiuta anche a mantenere il terreno più caldo e umido, favorendo così una migliore crescita delle piante.

Inoltre, è possibile utilizzare tunnel o coperture protettive per fornire ulteriore protezione alle piante in inverno. I tunnel possono essere realizzati utilizzando archi di metallo o plastica su cui viene fissata una copertura trasparente o un tessuto non tessuto. Questi tunnel creano un microclima più caldo e protetto intorno alle piante, riducendo l'effetto delle basse temperature e proteggendo le piante dal vento e dal gelo.

Un'altra tecnica importante è la rotazione delle colture, che prevede la variazione delle piante coltivate in una determinata area di terreno ogni stagione. La rotazione delle colture aiuta a prevenire l'accumulo di patogeni nel terreno e a migliorare la fertilità del suolo. Durante l'inverno, è possibile coltivare piante che arricchiscono il terreno con azoto, come legumi o cover crop, per preparare il terreno per le colture successive.

Infine, è importante monitorare costantemente le condizioni del terreno e delle piante durante i mesi invernali e apportare eventuali correzioni necessarie. Ciò può includere l'irrigazione supplementare in caso di periodi di siccità, la protezione aggiuntiva dalle temperature estreme e la gestione di eventuali problemi di parassiti o malattie che possono insorgere in condizioni fredde.

In sintesi, una corretta preparazione del terreno per un orto invernale è essenziale per garantire una crescita ottimale delle piante e una buona resa durante i mesi più freddi dell'anno. Utilizzando tecniche come il mulching, l'uso di tunnel protettivi e la rotazione delle colture, è possibile creare un ambiente favorevole per la coltivazione anche in inverno, assicurando un orto produttivo e sano.

3. Protezione dal Gelo: Metodi per Salvaguardare le Piante durante le Gelate

La protezione dalle gelate è un aspetto cruciale per mantenere le piante dell'orto invernale al sicuro durante i periodi di freddo intenso. Esistono diversi metodi efficaci per proteggere le piante e minimizzare i danni causati dal gelo.

Uno dei metodi più comuni per proteggere le piante dal gelo è l'utilizzo di coperture protettive. Queste possono assumere diverse forme, come teli, coperture di plastica o tessuti non tessuti, che vengono posizionati sopra le piante per creare uno strato isolante che le protegga dalle basse temperature. È importante assicurarsi che le coperture siano ben fissate e che raggiungano il suolo per evitare dispersioni di calore.

Un'altra tecnica efficace è l'utilizzo di coperture termiche, come teli o tessuti speciali progettati per trattenere il calore del sole durante il giorno e rilasciarlo durante la notte, creando così un microclima più caldo intorno alle piante. Queste coperture termiche possono essere utilizzate insieme alle coperture protettive per massimizzare la protezione dalle gelate.

Un metodo tradizionale per proteggere le piante dal gelo è l'utilizzo di materiali isolanti naturali, come paglia, foglie secche o pacciame, che vengono posizionati intorno alle piante per creare uno strato isolante che protegga le radici dal freddo. Questi materiali possono essere disposti intorno alle piante in modo da coprire completamente il terreno circostante, fornendo una barriera protettiva contro le basse temperature.

Inoltre, è possibile utilizzare dispositivi di riscaldamento supplementare, come luci a infrarossi o riscaldatori portatili, per mantenere le piante al caldo durante le gelate. Questi dispositivi possono essere posizionati strategicamente intorno all'orto per fornire calore aggiuntivo quando le temperature scendono troppo in basso.

Infine, è importante tenere d'occhio le previsioni meteorologiche e prendere provvedimenti preventivi quando sono previste gelate. Ciò può includere l'irrigazione delle piante prima dell'arrivo del gelo per creare uno strato protettivo di ghiaccio intorno alle piante, che agisce come isolante contro il freddo.

In conclusione, proteggere le piante dall'inverno è essenziale per garantire una crescita sana e una buona resa durante i mesi più freddi dell'anno. Utilizzando una combinazione di coperture protettive, coperture termiche, materiali isolanti naturali e dispositivi di riscaldamento, è possibile proteggere le piante dall'impatto delle gelate e mantenere l'orto invernale prosperoso e produttivo.

4. Irrigazione e Gestione dell'Acqua: Approcci per Mantenere un Adeguato Livello di Umidità

La corretta irrigazione e gestione dell'acqua sono fondamentali per mantenere un adeguato livello di umidità nel terreno e garantire la salute e la crescita ottimale delle piante nell'orto invernale. Durante i mesi freddi, è importante adottare approcci specifici per gestire l'acqua in modo efficace, tenendo conto delle condizioni climatiche e delle esigenze delle piante.

Una delle prime considerazioni nella gestione dell'acqua è determinare il fabbisogno idrico delle piante in base alle loro caratteristiche specifiche e alle condizioni ambientali. Le piante in crescita durante l'inverno potrebbero richiedere quantità d'acqua diverse rispetto a quelle coltivate durante i mesi più caldi, quindi è essenziale adattare il regime di irrigazione di conseguenza. Si consiglia di monitorare attentamente l'umidità del terreno e di irrigare solo quando necessario, evitando sia l'eccesso che la carenza idrica.

Un approccio comune per l'irrigazione nell'orto invernale è utilizzare tecniche di irrigazione a goccia o a infiltrazione, che forniscono acqua direttamente alle radici delle piante riducendo al minimo lo spreco e l'evaporazione. Questo metodo permette di mantenere un adeguato livello di umidità nel terreno senza bagnare eccessivamente le foglie, riducendo così il rischio di malattie fungine e marciume.

Inoltre, è importante tenere conto delle condizioni meteorologiche e regolare il regime di irrigazione di conseguenza. Durante i periodi di pioggia, è possibile ridurre o sospendere completamente l'irrigazione, mentre durante i periodi di siccità è necessario aumentare la frequenza o la quantità di acqua fornita alle piante.

Un'altra strategia utile è utilizzare tecniche di conservazione dell'acqua, come l'uso di pacciame o coperture del suolo, che aiutano a trattenere l'umidità nel terreno e a ridurre l'evaporazione. Inoltre, è possibile installare sistemi di raccolta dell'acqua piovana per utilizzare le risorse idriche in modo sostenibile e ridurre al minimo l'uso di acqua potabile.

Infine, è importante praticare una buona gestione del drenaggio per evitare ristagni d'acqua che potrebbero danneggiare le radici delle piante. Assicurarsi che i vasi o i letti dell'orto abbiano un adeguato sistema di drenaggio e che l'acqua in eccesso possa defluire liberamente per evitare problemi legati all'umidità e alla saturazione del terreno.

In sintesi, una corretta irrigazione e gestione dell'acqua sono fondamentali per mantenere un orto invernale sano e produttivo. Adottando approcci mirati, monitorando attentamente le condizioni del terreno e adattando il regime di irrigazione alle esigenze specifiche delle piante, è possibile assicurare una crescita ottimale durante i mesi freddi e sfruttare appieno il potenziale dell'orto invernale.

5. Coperture e Protezioni: Soluzioni per Schermare le Piante dagli Agenti Atmosferici

Le coperture e le protezioni sono componenti cruciali per preservare la salute e la vitalità delle piante nell'orto invernale, proteggendole dagli agenti atmosferici avversi come il vento, il freddo e le gelate. Esistono diverse soluzioni pratiche e realizzabili per schermare le piante e garantirne la sopravvivenza durante i mesi più rigidi dell'anno.

Una delle opzioni più comuni è l'utilizzo di strutture di protezione come tunnel o serre, che forniscono un ambiente controllato e riparato in cui le piante possono prosperare anche in condizioni climatiche avverse. Queste strutture possono essere realizzate con materiali leggeri e trasparenti come policarbonato, PVC o polietilene, che consentono il passaggio della luce solare e creano un ambiente caldo e protetto per le piante.

Le coperture temporanee, come teli o coperture di tessuto non tessuto, possono essere utilizzate per proteggere le piante durante le notti più fredde o durante le gelate improvvise. Questi materiali possono essere facilmente posizionati e rimossi secondo necessità e offrono un'efficace protezione termica, riducendo la perdita di calore dalle piante e minimizzando i danni causati dal freddo.

Inoltre, è possibile utilizzare tecniche di copertura del suolo come paglia, foglie secche o pacciame per isolare il terreno e mantenere una temperatura più stabile intorno alle radici delle piante. Questi materiali agiscono da isolanti naturali, riducendo la perdita di calore dal terreno e proteggendo le radici dal gelo.

Le protezioni individuali, come coperture o tunnel rigidi posti direttamente sulle piante più sensibili, offrono un'ulteriore protezione contro il vento e il freddo, creando microclimi favorevoli alla crescita e alla produzione. Queste protezioni possono essere realizzate con materiali leggeri come plastica rigida o tessuto metallico e possono essere facilmente posizionate e rimosse secondo necessità.

Infine, è importante tenere conto delle esigenze specifiche delle diverse piante nell'orto invernale e adottare misure di protezione mirate in base alle loro caratteristiche e alla loro resistenza al freddo. Monitorare attentamente le condizioni climatiche e agire tempestivamente per proteggere le piante durante i periodi di gelo può fare la differenza tra una stagione di successo e una delusione.

In conclusione, l'utilizzo di coperture e protezioni è essenziale per proteggere le piante dall'azione degli agenti atmosferici durante l'inverno e garantire una crescita sana e robusta. Con l'adozione di soluzioni pratiche e tecniche adatte alle esigenze specifiche delle piante, è possibile mantenere un orto invernale produttivo e apprezzabile anche durante i mesi più freddi dell'anno.

XVI. Piante da Frutto: Coltivazione di Alberi da Frutta e Arbusti

1. Selezione delle Specie: Scegliere le Migliori Piante da Frutto per il Tuo Giardino

La selezione delle specie è un passo cruciale nella creazione di un giardino di piante da frutto prospero e soddisfacente. Quando si sceglie quali piante da frutto includere nel proprio giardino, è importante considerare diversi fattori che influenzeranno il successo della coltivazione. Innanzitutto, è essenziale valutare il clima locale e le condizioni del terreno, poiché queste variabili avranno un impatto significativo sulle specie di piante che possono prosperare nella tua area. Ad esempio, se vivi in un clima temperato con inverni freddi, potresti voler optare per varietà di albicocche o pesche che sono adatte a temperature più fredde. D'altra parte, se abiti in un'area con estati calde e secche, potresti preferire specie di alberi da frutto che tollerano bene il calore e la siccità, come i melograni.

Inoltre, è fondamentale considerare le tue preferenze personali e i gusti alimentari della tua famiglia. Scegli piante da frutto che producano frutti che ti piacciono e che saranno consumati regolarmente. Se sei appassionato di marmellate fatte in casa, potresti voler includere alberi di prugne o ciliegie nel tuo giardino. Se ami le mele croccanti e succose, dovresti cercare varietà di melo adatte alla tua zona e alle tue esigenze di spazio.

Inoltre, considera la dimensione e lo spazio disponibile nel tuo giardino. Alcune piante da frutto, come gli alberi di pesco o di albicocca, possono diventare piuttosto grandi e richiedere molto spazio per crescere e prosperare. Se hai un giardino di dimensioni limitate o stai pianificando di coltivare le piante da frutto in vaso su un balcone o un patio, potresti preferire varietà più compatte o arbusti da frutto che si adattano meglio agli spazi ristretti.

Infine, prendi in considerazione la resistenza alle malattie e alle infestazioni di parassiti delle diverse varietà di piante da frutto. Alcune varietà sono più suscettibili a malattie o attacchi di insetti, mentre altre sono più resistenti e richiedono meno interventi di controllo delle malattie e dei parassiti. Scegliere varietà resistenti può semplificare la gestione e la manutenzione del tuo giardino di piante da frutto nel lungo periodo.

In sintesi, la selezione delle specie giuste è fondamentale per il successo del tuo giardino di piante da frutto. Considera il clima locale, le tue preferenze personali, lo spazio disponibile e la resistenza alle malattie e ai parassiti quando scegli le piante da includere nel tuo giardino. Investire tempo e considerazione nella selezione delle specie ti aiuterà a creare un giardino di piante da frutto che soddisfi le tue esigenze e produca abbondanti raccolti di frutta deliziosa.

2. Preparazione del Terreno: Tecniche per Creare un Suolo Nutriente e Ben Drenato

La preparazione del terreno è fondamentale per garantire una crescita sana e vigorosa delle piante da frutto nel tuo giardino. Prima di piantare qualsiasi albero o arbusto da frutto, è essenziale creare un suolo nutriente e ben drenato che fornisca alle piante i nutrienti necessari e favorisca lo sviluppo delle radici. Esistono diverse tecniche che puoi utilizzare per preparare il terreno in modo ottimale per la coltivazione delle piante da frutto.

Innanzitutto, è importante valutare la composizione del terreno nella tua area di coltivazione. Un terreno argilloso può trattenere troppo l'acqua, mentre un terreno sabbioso può drenare troppo velocemente. La maggior parte delle piante da frutto prospera in un terreno ben drenato e ricco di sostanze nutritive. Se il tuo terreno è argilloso, puoi migliorarne la drenaggio aggiungendo sabbia, compost o materiale organico decomposto. Se il terreno è sabbioso, puoi migliorarne la capacità di trattenere l'umidità aggiungendo compost, humus o letame.

Una volta valutata la composizione del terreno, puoi procedere con la preparazione effettiva del letto di semina o dell'area di piantagione. Questo può includere l'aratura del terreno per rompere i noduli e favorire la penetrazione delle radici, nonché la rimozione delle erbacce e delle radici delle piante precedenti. È anche consigliabile incorporare una miscela di compost maturo o letame ben decomposto nel terreno per aumentarne la fertilità e fornire una fonte di nutrienti alle piante.

Inoltre, potresti voler considerare l'uso di coperture del suolo o mulching per aiutare a mantenere la temperatura del terreno costante, ridurre l'evaporazione dell'acqua e controllare la crescita delle erbacce. Materiali come la paglia, la corteccia di legno o il pacciame organico possono essere utilizzati come copertura del suolo intorno alle piante da frutto per migliorare la salute del terreno e ridurre la necessità di irrigazione.

Infine, assicurati di testare il pH del terreno e apportare le modifiche necessarie per raggiungere un livello ottimale per la coltivazione delle piante da frutto. La maggior parte delle piante da frutto prospera in un pH del terreno compreso tra 6 e 7, leggermente acido o neutro. Puoi regolare il pH del terreno aggiungendo correttivi come la calce dolomitica per aumentare il pH o il solfato di alluminio per abbassarlo.

Seguendo queste tecniche di preparazione del terreno, sarai in grado di creare un ambiente ideale per la crescita delle tue piante da frutto e massimizzare il loro potenziale di produzione.

3. Piantagione e Trapianto: Procedure per una Corretta Installazione delle Piante da Frutto

La fase di piantagione o trapianto delle piante da frutto è cruciale per garantire il successo della loro crescita e produzione nel tuo giardino. Seguire le procedure corrette durante questa fase può fare la differenza tra piante forti e vitali e piante che faticano a crescere. Ecco alcuni passaggi da seguire per assicurarti di fare tutto nel modo giusto.

Prima di tutto, è importante pianificare attentamente la posizione e l'orientamento delle piante da frutto nel tuo giardino. Ogni specie ha esigenze specifiche di luce solare, spazio e distanza di piantagione. Assicurati di scegliere un'area che riceva abbastanza luce solare diretta per consentire una sana crescita e sviluppo delle piante da frutto. Inoltre, considera lo spazio disponibile e la distanza consigliata tra le piante per evitare l'ombreggiamento reciproco e favorire una buona circolazione dell'aria.

Una volta selezionata la posizione, prepara il terreno come descritto nel paragrafo precedente, assicurandoti che sia ben drenato e arricchito con compost o letame decomposto. Scava un foro abbastanza grande da ospitare le radici della pianta e assicurati di mantenere la profondità del foro uguale alla profondità delle radici stesse.

Prima di piantare o trapiantare le piante da frutto, è consigliabile immergere le radici in una soluzione di acqua e un composto di microrganismi benefici, come il micorriza, per favorire l'assorbimento di nutrienti e l'insediamento delle radici nel nuovo terreno.

Una volta che il foro è stato preparato e le radici sono state immerse nella soluzione, puoi procedere con la piantagione o il trapianto della pianta. Assicurati di posizionare la pianta in modo che il livello del terreno sia lo stesso di quello del vaso in cui è stata coltivata in precedenza. Riempi il foro con il terreno preparato e compatta leggermente intorno alle radici per garantire una buona stabilità.

Dopo la piantagione o il trapianto, irriga abbondantemente le piante da frutto per garantire che il terreno sia ben bagnato e che le radici ricevano l'umidità necessaria per stabilirsi nel nuovo ambiente. Puoi anche considerare l'uso di mulch intorno alla base delle piante per aiutare a trattenere l'umidità e ridurre la crescita delle erbacce.

Infine, monitora attentamente le piante da frutto nei giorni successivi alla piantagione o al trapianto per garantire che si adattino bene al nuovo ambiente e per intervenire tempestivamente in caso di problemi come secchezza eccessiva o eccessiva umidità. Presta particolare attenzione alle condizioni meteorologiche e alle esigenze specifiche delle piante da frutto che hai scelto, e fai eventuali aggiustamenti necessari per garantire il loro successo a lungo termine.

Seguendo questi passaggi durante la fase di piantagione o trapianto, sarai in grado di garantire una corretta installazione delle piante da frutto nel tuo giardino e massimizzare il loro potenziale di crescita e produzione.

4. Potatura e Formazione: Strategie per Mantenere una Struttura Forte e Produttiva

La potatura e la formazione sono due pratiche essenziali per garantire che gli alberi da frutto mantengano una struttura forte e produttiva nel corso del tempo. Una corretta potatura può favorire una migliore circolazione dell'aria e della luce all'interno della chioma, ridurre il rischio di malattie e parassiti e promuovere una crescita più vigorosa e una produzione ottimale di frutta. Ecco alcune strategie e tecniche da considerare quando si tratta di potatura e formazione degli alberi da frutto:

1. Potatura di formazione: La potatura di formazione viene eseguita durante i primi anni di vita dell'albero per stabilire una struttura solida e ben bilanciata. Durante questa fase, vengono rimossi i rami mal posizionati, danneggiati o deboli, così come i rami che crescono troppo vicini o incrociati. L'obiettivo è quello di promuovere una crescita equilibrata della chioma e di incoraggiare lo sviluppo di rami principali robusti e di buona qualità.

2. Potatura di mantenimento: Dopo la fase di formazione iniziale, è importante continuare a potare gli alberi da frutto regolarmente per mantenere la loro struttura e produttività nel tempo. Durante la potatura di mantenimento, si rimuovono i rami danneggiati, mal posizionati o malati, così come i succhioni e i rami che crescono verso l'interno della chioma. Inoltre, è possibile ridurre la lunghezza dei rami più vigorosi per promuovere una distribuzione uniforme della crescita e prevenire il sovraccarico della chioma.

3. Potatura di rinnovamento: In alcuni casi, gli alberi da frutto possono diventare troppo ingombranti o sviluppare una chioma troppo densa nel tempo. In questi casi, è possibile eseguire una potatura di rinnovamento per ridurre la dimensione della chioma e favorire una nuova crescita vigorosa. Durante questa operazione, vengono rimossi i rami più vecchi e meno produttivi, così come quelli che si sovrappongono o si incrociano.

4. Tecniche di potatura: Quando si esegue la potatura degli alberi da frutto, è importante utilizzare strumenti affilati e puliti per evitare danni alla pianta. Si consiglia di effettuare tagli puliti e precisi, preferibilmente appena al di sopra di un nodo o di un ramo laterale sano. Inoltre, è importante rispettare i tempi e i metodi specifici di potatura per ciascuna specie di albero da frutto, poiché le esigenze possono variare.

Seguendo queste strategie e tecniche di potatura e formazione, sarai in grado di mantenere una struttura forte e produttiva per i tuoi alberi da frutto nel tempo, garantendo una generosa raccolta di frutta di alta qualità ogni anno.

5. Cure e Manutenzione: Consigli per una Gestione Ottimale delle Piante da Frutto

La cura e la manutenzione delle piante da frutto sono cruciali per garantire una crescita sana e una produzione abbondante nel corso delle stagioni. Ecco alcuni consigli pratici per gestire ottimalmente le piante da frutto nel tuo giardino:

Irrigazione adeguata: Le piante da frutto hanno esigenze idriche specifiche a seconda della specie e delle condizioni ambientali. Assicurati di fornire una quantità adeguata di acqua, specialmente durante i periodi di crescita attiva e durante la formazione e lo sviluppo dei frutti. Monitora attentamente l'umidità del terreno e irriga regolarmente, evitando sia l'eccesso che il deficit idrico.

Fertilizzazione mirata: Le piante da frutto beneficiano di una fertilizzazione regolare per garantire una crescita sana e una produzione ottimale di frutta. Utilizza fertilizzanti specifici per piante da frutto, seguendo le dosi e le frequenze raccomandate. Puoi optare per fertilizzanti organici o chimici, a seconda delle tue preferenze e delle esigenze delle piante.

Controllo delle infestanti: Mantieni l'area intorno alle piante da frutto libera da infestanti che potrebbero competere per risorse come acqua, luce e nutrienti. Utilizza tecniche di controllo delle infestanti come la pacciamatura con materiale organico o sintetico per ridurre la crescita delle erbacce e mantenere il terreno pulito e ben aerato.

Protezione dalle malattie e parassiti: Monitora attentamente le tue piante da frutto per individuare segni di malattie o attacchi da parte di parassiti. Adotta pratiche di coltivazione preventive, come la potatura regolare, la rotazione delle colture e l'uso di prodotti fitosanitari naturali o sintetici, se necessario, per prevenire e gestire le malattie e gli insetti dannosi.

Potatura e formazione continua: Continua a praticare la potatura e la formazione delle piante da frutto nel corso delle stagioni per mantenere una struttura solida e produttiva. Rimuovi rami danneggiati, mal posizionati o malati e assicurati che la chioma rimanga aperta e ben ventilata per favorire una migliore circolazione dell'aria e della luce.

Raccolta tempestiva: Raccogli i frutti maturi tempestivamente per evitare che marciscano sulla pianta o cadano a terra. Monitora attentamente lo sviluppo dei frutti e raccoglili quando raggiungono la maturità ottimale per la varietà specifica.

Seguendo questi consigli e praticando una gestione attenta delle piante da frutto, sarai in grado di ottenere una generosa e deliziosa raccolta di frutta nel tuo giardino, sia che tu sia un principiante o un esperto giardiniere.

XVII. Erbe Aromatiche e Medicinali: Coltivare e Utilizzare in Cucina e oltre

1. Selezione delle Erbe: Scelta delle Varietà Ideali per il Tuo Giardino

La selezione delle erbe per il tuo giardino è un passaggio cruciale per garantire una crescita sana e una varietà di aromi e proprietà benefiche. Quando si sceglie le varietà ideali, è importante considerare diversi fattori, tra cui il clima locale, il tipo di suolo e lo spazio disponibile. Prima di acquistare le piante, prenditi del tempo per pianificare quali erbe desideri coltivare e quali utilizzi vuoi farne in cucina o per scopi medicinali.

Innanzitutto, valuta il clima della tua regione e seleziona le erbe che prosperano meglio nelle condizioni locali. Ad esempio, alcune erbe, come la lavanda e il rosmarino, amano il clima caldo e soleggiato, mentre altre, come la menta e la prezzemolo, preferiscono temperature più fresche e parzialmente ombreggiate. Scegliendo varietà adatte al clima locale, aumenterai le probabilità di successo e ridurrai la necessità di cure intensive.

Oltre al clima, considera anche il tipo di suolo presente nel tuo giardino. Alcune erbe prosperano in terreni ben drenati e leggeri, mentre altre preferiscono suoli più ricchi e umidi. Effettua un'analisi del terreno o osserva le caratteristiche del suolo nel tuo giardino per determinare le esigenze specifiche delle piante che desideri coltivare. Se il tuo terreno ha delle sfide, come scarsa drenaggio o basso contenuto di nutrienti, puoi apportare correzioni attraverso l'aggiunta di compost o altri emendamenti del suolo.

Infine, considera lo spazio disponibile nel tuo giardino e la quantità di luce solare che riceve ogni area. Le erbe aromatiche e medicinali possono essere coltivate in giardini tradizionali, aiuole rialzate, vasi o addirittura in interni, a seconda delle esigenze specifiche di ciascuna pianta e delle tue preferenze personali. Assicurati di posizionare le erbe in luoghi dove ricevano almeno 6-8 ore di luce solare diretta al giorno per una crescita ottimale.

In sintesi, la selezione delle erbe per il tuo giardino richiede una pianificazione attenta e una considerazione delle esigenze specifiche delle piante, del clima locale, del tipo di suolo e dello spazio disponibile. Prenditi il tempo necessario per fare ricerche approfondite e scegli le varietà che meglio si adattano alle tue condizioni di crescita, garantendo così un giardino aromatico e salutare.

2. Preparazione del Terreno: Tecniche per Creare un Ambiente Favorito per le Erbe

La preparazione del terreno è fondamentale per creare un ambiente ottimale in cui le erbe possono crescere vigorosamente e prosperare. Prima di piantare le tue erbe, è importante dedicare del tempo e dello sforzo per preparare il terreno in modo adeguato, fornendo alle piante le condizioni ottimali per svilupparsi pienamente e produrre foglie aromatiche e nutrienti.

La prima fase della preparazione del terreno consiste nella pulizia e nell'eliminazione di eventuali erbacce, detriti e residui vegetali che potrebbero ostacolare la crescita delle tue erbe. Rimuovi accuratamente le erbacce manualmente o con l'ausilio di attrezzi da giardinaggio, assicurandoti di eliminare anche le radici per prevenire futuri problemi di infestazione.

Successivamente, lavora il terreno per migliorare la sua struttura e la sua composizione. Questo può essere fatto attraverso l'aratura o la zappatura del terreno per rompere i grumi e migliorare il drenaggio. Se il terreno è argilloso e compatto, puoi incorporare sabbia o materiale organico come il compost per migliorare la sua consistenza e favorire la circolazione dell'aria e dell'acqua.

Dopo aver lavorato il terreno, aggiungi fertilizzanti naturali per arricchirlo con i nutrienti necessari alla crescita delle erbe. Il compost fatto in casa è una scelta eccezionale, poiché fornisce una vasta gamma di sostanze nutritive essenziali e migliora la struttura del terreno nel lungo termine. Puoi anche utilizzare fertilizzanti organici commerciali o integratori specifici per erbe, seguendo attentamente le istruzioni riportate sull'etichetta.

Una volta che il terreno è stato preparato e arricchito, livellalo uniformemente e compattalo leggermente per garantire una superficie stabile per la semina o il trapianto delle tue erbe. Prima di procedere, prenditi il tempo di irrigare il terreno abbondantemente per assicurarti che sia ben idratato e pronto ad accogliere le nuove piante.

In conclusione, la preparazione del terreno per le erbe richiede attenzione ai dettagli e un impegno costante per garantire che le piante abbiano tutto ciò di cui hanno bisogno per crescere e prosperare. Seguendo le tecniche descritte sopra, potrai creare un ambiente ottimale per le tue erbe e godere di una ricca e abbondante raccolta di aromi e sapori.

3. Piantagione e Trapianto: Procedimenti per Garantire una Buona Attecchimento delle Erbe

La piantagione e il trapianto delle erbe richiedono cura e attenzione per garantire un buon attecchimento e una crescita sana delle piante nel nuovo ambiente. Seguire i giusti procedimenti può fare la differenza tra il successo e il fallimento della coltivazione delle tue erbe aromatiche e medicinali.

Prima di procedere con la piantagione o il trapianto, assicurati di avere a disposizione piante di buona qualità. Se stai utilizzando piante acquistate in vivaio, scegli quelle che hanno fogliame sano, radici robuste e nessun segno evidente di malattia o stress. Se invece stai trapiantando erbe cresciute da seme o da talea, assicurati che siano sufficientemente mature e robuste per affrontare il trasferimento.

Per la piantagione, prepara piccoli fori nel terreno preparato, lasciando uno spazio adeguato tra le piante per consentire la loro crescita e sviluppo. Assicurati di piantare le erbe alla stessa profondità a cui erano coltivate nel loro contenitore originale e di compattare leggermente il terreno intorno alle radici per garantire un buon contatto con il terreno.

Durante il trapianto, maneggia le piante con cura per evitare danni alle radici e allo fogliame. Se le piante sono state coltivate in vasi, scava attorno alla radice per rimuoverle delicatamente e trasferiscile nel nuovo sito senza rompere il torpore radicale. Assicurati di fornire un sostegno adeguato alle piante appena trapiantate, come tutori o supporti, per proteggerle dai venti forti o da altri agenti atmosferici che potrebbero danneggiarle durante l'adattamento.

Dopo la piantagione o il trapianto, irriga abbondantemente le piante per garantire che le radici si stabilizzino nel nuovo terreno e che ricevano l'umidità necessaria per sopravvivere. Continua a monitorare attentamente le piante nei giorni successivi, assicurandoti di mantenere il terreno costantemente umido senza lasciarlo diventare eccessivamente bagnato.

In conclusione, seguire una procedura accurata per la piantagione e il trapianto delle erbe è essenziale per garantire un buon attecchimento e una crescita sana delle piante. Prenditi il tempo necessario per preparare le piante e il terreno, e assicurati di fornire le cure e l'attenzione necessarie per aiutare le tue erbe a prosperare nel loro nuovo ambiente.

4. Cura e Manutenzione: Strategie per Mantenere le Erbe Forti e Rigogliose

Una cura e manutenzione appropriate sono cruciali per mantenere le erbe forti e rigogliose nel corso della stagione di crescita. Ecco alcune strategie pratiche che puoi adottare per assicurarti che le tue piante aromatiche e medicinali crescano in modo sano e produttivo:

1. Irrigazione regolare: Le erbe hanno esigenze diverse per quanto riguarda l'acqua, ma la regola generale è quella di mantenere il terreno costantemente umido senza che diventi troppo bagnato. Durante i periodi di siccità, assicurati di irrigare le piante regolarmente, concentrandoti sul bagnare il terreno intorno alle radici senza bagnare eccessivamente il fogliame.

2. Fertilizzazione adeguata: Le erbe beneficiano di una buona nutrizione per sostenere una crescita vigorosa e una produzione di fogliame e fiori abbondante. Utilizza concimi organici o compost ben maturo per fornire nutrienti essenziali alle tue piante. Evita di fertilizzare eccessivamente, poiché un'eccessiva quantità di fertilizzante può bruciare le radici e danneggiare le piante.

3. Potatura regolare: La potatura è una pratica importante per mantenere le erbe compatte, promuovere una crescita densa e prevenire l'insorgenza di malattie. Rimuovi regolarmente le foglie ingiallite, i rami morti o danneggiati e i fiori appassiti. Inoltre, pota le piante in modo da promuovere la ramificazione e controllare le loro dimensioni.

4. Controllo dei parassiti e delle malattie: Monitora attentamente le tue erbe per individuare segni di attacchi di parassiti o malattie. Ispeziona regolarmente le foglie per eventuali segni di danni da insetti o macchie fungine. In caso di infestazioni, adotta misure preventive come l'uso di insetticidi naturali o la rimozione manuale dei parassiti.

5. Protezione dalle intemperie: Le erbe possono essere sensibili alle condizioni meteorologiche estreme, quindi proteggile dai venti forti, dalle piogge intense o dalle temperature estreme. Utilizza reti di protezione, teloni o serre per proteggere le piante quando necessario e fornire un ambiente più stabile.

6. Raccolta regolare: Raccogli le foglie e i fiori delle tue erbe regolarmente per promuovere una crescita rigogliosa e continuare a stimolare la produzione di nuovi germogli. Utilizza forbici affilate per raccogliere le parti della pianta, assicurandoti di non danneggiare il resto della pianta durante il processo.

Seguendo queste strategie di cura e manutenzione, sarai in grado di mantenere le tue erbe forti, sane e produttive per tutta la stagione di crescita, garantendo un costante approvvigionamento di erbe aromatiche e medicinali fresche per la tua cucina e altri utilizzi.

5. Utilizzo delle Erbe: Suggerimenti per Sfruttare al Meglio i Loro Aromi e Proprietà Medicinali

Utilizzare le erbe in cucina e oltre può essere una esperienza gratificante e benefica per la salute. Ecco alcuni suggerimenti pratici su come sfruttare al meglio i loro aromi e proprietà medicinali:

1. Cucina creativa: Sperimenta con le erbe aromatiche aggiungendole a una varietà di piatti, dalle insalate ai piatti principali, alle bevande. Utilizza erbe fresche come basilico, prezzemolo, timo e menta per aggiungere freschezza e aroma ai tuoi piatti. Le erbe essiccate, come l'origano, il rosmarino e la salvia, sono ottime per aggiungere profondità di sapore ai piatti cucinati a fuoco lento, come zuppe, stufati e salse.

2. Infusi e tisane: Prepara infusi e tisane utilizzando erbe medicinali come la camomilla, la menta e la lavanda. Queste bevande aromatiche non solo offrono un momento di relax, ma possono anche aiutare a lenire il mal di stomaco, favorire la digestione e migliorare il sonno.

3. Condimenti e oli aromatici: Crea condimenti e oli aromatici fatti in casa utilizzando erbe fresche o essiccate. Versa olio d'oliva extra vergine su erbe fresche o essiccate in un barattolo di vetro e lascia macerare per alcune settimane per infondere l'olio con il sapore e l'aroma delle erbe. Questi oli possono essere utilizzati per condire insalate, piatti di pasta e verdure grigliate.

4. Rimedi naturali: Utilizza le proprietà medicinali delle erbe per preparare rimedi naturali per il sollievo da piccoli disturbi e fastidi. Ad esempio, puoi preparare un infuso di zenzero e menta per alleviare la nausea, una compressa di camomilla per lenire le irritazioni della pelle o un decotto di timo per alleviare il mal di gola.

5. *Essenze profumate:* Crea essenze profumate utilizzando erbe aromatiche come la lavanda, il rosmarino e la salvia. Aggiungi le erbe a una pentola d'acqua e porta ad ebollizione, quindi riduci il calore e lascia sobbollire a fuoco lento per rilasciare gli oli essenziali. Questo metodo rilascerà un piacevole profumo in tutta la casa, contribuendo a creare un'atmosfera rilassante e accogliente.

6. *Confezionamento e conservazione:* Confeziona le erbe fresche in vasetti o sacchetti per conservarle più a lungo. Puoi anche essiccare le erbe per conservarle per un periodo più lungo e utilizzarle quando necessario.

Sfruttare appieno i benefici delle erbe in cucina e oltre richiede un po' di creatività e sperimentazione, ma i risultati saranno sicuramente gratificanti. Esplora le diverse varietà di erbe disponibili e scopri come integrarle nella tua routine quotidiana per migliorare il sapore dei tuoi piatti e promuovere il benessere generale.

XVIII. Gestione delle Scorte: Conservazione, Essiccazione e Congelamento

1. Conservazione delle Scorte: Tecniche per Prolungare la Durata di Conservazione degli Alimenti

La conservazione delle scorte alimentari è una pratica essenziale per garantire una fornitura costante di cibo di qualità nel corso del tempo. Le tecniche di conservazione efficaci possono prolungare la durata di conservazione degli alimenti, riducendo gli sprechi e consentendo di sfruttare al massimo i prodotti del proprio orto. Esistono diverse metodologie che possono essere adottate, ognuna delle quali si adatta alle specifiche esigenze e alle risorse disponibili.

Una delle tecniche più comuni e accessibili è la conservazione mediante sottaceto o sott'olio. Questo metodo, pratico e versatile, prevede l'immersione degli alimenti freschi in una soluzione di aceto o olio, arricchita con erbe aromatiche, spezie o aglio. Gli alimenti così preparati possono essere conservati in barattoli di vetro sterilizzati e sigillati ermeticamente, garantendo una lunga conservazione senza perdita di sapore o qualità nutrizionale.

Un'altra tecnica ampiamente utilizzata è l'essiccazione. Essa consiste nel rimuovere l'umidità dagli alimenti attraverso il processo di essiccazione, generalmente tramite esposizione all'aria calda o al sole. Questo metodo è particolarmente adatto per erbe aromatiche, frutta e verdura a basso contenuto di acqua. Una volta essiccati, gli alimenti possono essere conservati in sacchetti sottovuoto o barattoli di vetro, pronti per l'uso futuro.

Per gli orticoltori che dispongono di freezer, il congelamento rappresenta un'opzione conveniente per conservare gli alimenti freschi a lungo termine. Prima di congelare frutta e verdura, è importante prepararli adeguatamente, lavandoli, tagliandoli e confezionandoli in sacchetti o contenitori adatti al freezer. In questo modo, è possibile preservare il sapore e la consistenza degli alimenti per diversi mesi, consentendo di godere dei prodotti dell'orto anche fuori stagione.

Un'altra tecnica di conservazione comune è l'inscatolamento. Questo metodo prevede di mettere sottovuoto gli alimenti in barattoli di vetro sigillati, dopo averli sottoposti a un processo di sterilizzazione. Gli alimenti inscatolati possono essere conservati a temperatura ambiente per lunghi periodi, garantendo la freschezza e la sicurezza alimentare.

Infine, per gli amanti della fermentazione, è possibile conservare gli alimenti mediante questo processo naturale. La fermentazione favorisce la crescita di batteri benefici che preservano gli alimenti e aumentano il loro valore nutrizionale. I prodotti fermentati, come crauti, kimchi e sottaceti, possono essere conservati in barattoli di vetro in luoghi freschi e bui, garantendo una lunga durata di conservazione.

In conclusione, la conservazione delle scorte alimentari è fondamentale per garantire una fornitura costante di cibo di qualità nel corso del tempo. Utilizzando le tecniche di conservazione adeguate, è possibile prolungare la durata di conservazione degli alimenti dell'orto, riducendo gli sprechi e godendo dei propri prodotti anche fuori stagione.

2. Essiccazione degli Alimenti: Metodo Tradizionale per Conservare le Scorte a Lungo Termine

L'essiccazione degli alimenti è un metodo tradizionale e altamente efficace per conservare le scorte a lungo termine, garantendo la disponibilità di alimenti freschi anche al di fuori della stagione di crescita. Questa pratica antica, utilizzata fin dai tempi più remoti, si basa sul principio di rimuovere l'umidità dagli alimenti, rallentando così il processo di decomposizione e preservando il loro sapore e valore nutrizionale.

Una delle tecniche più comuni per essiccare gli alimenti è l'essiccazione all'aria aperta o in un essiccatore dedicato. In questo processo, gli alimenti vengono tagliati in pezzi uniformi e disposti su griglie o ripiani dell'essiccatore, dove vengono esposti all'aria calda o al sole per un periodo di tempo prolungato. L'aria calda favorisce l'evaporazione dell'umidità presente negli alimenti, riducendo così il contenuto di acqua e prevenendo la crescita di muffe e batteri.

Per essiccare con successo gli alimenti, è importante assicurarsi che siano tagliati in pezzi uniformi e che siano disposti in uno strato singolo per garantire una circolazione dell'aria ottimale. È anche consigliabile controllare regolarmente lo stato di essiccazione degli alimenti e ruotare o girare i pezzi se necessario per garantire una essiccazione uniforme.

Le erbe aromatiche e le spezie sono particolarmente adatte all'essiccazione, poiché mantengono il loro sapore e aroma distintivo anche dopo il processo di essiccazione. Dopo aver essiccato le erbe, è possibile conservarle in contenitori ermetici al riparo dalla luce e dall'umidità, garantendo così la loro freschezza a lungo termine.

Anche la frutta e la verdura possono essere essiccate con successo per conservarle a lungo termine. Le fette sottili di frutta e verdura vengono disposte su griglie o teglie e poste in un essiccatore o in forno a bassa temperatura per diverse ore, fino a quando non diventano asciutte e croccanti. Una volta essiccate, le fette di frutta possono essere utilizzate per preparare snack salutari o aggiunte a muesli e cereali per una maggiore varietà di sapori e nutrienti.

Inoltre, è possibile essiccare carne e pesce per conservarli a lungo termine. La carne viene tagliata in fette sottili e posta su griglie o barre di essiccazione, dove viene esposta all'aria calda per diverse ore fino a quando non diventa dura e secca. Questo metodo di essiccazione è particolarmente utile per conservare carni magre come il manzo o il tacchino, che possono essere conservate per mesi e utilizzate per preparare zuppe, stufati e altri piatti ricchi di proteine.

In conclusione, l'essiccazione degli alimenti è un metodo tradizionale e altamente efficace per conservare le scorte a lungo termine, garantendo una fornitura costante di alimenti freschi e nutrienti in qualsiasi momento dell'anno. Con le giuste tecniche e attrezzature, è possibile essiccare una vasta gamma di alimenti, dai frutti di bosco alle erbe aromatiche, dalla carne alla verdura, offrendo così una soluzione pratica e sostenibile per la conservazione degli alimenti nell'orto domestico.

3. Congelamento degli Alimenti: Strategie per Mantenere la Freschezza e la Qualità Nutrizionale

Il congelamento degli alimenti è una delle migliori strategie per conservare la freschezza e la qualità nutrizionale degli alimenti nel lungo periodo. Questo metodo di conservazione prevede il rapido abbassamento della temperatura degli alimenti a livelli inferiori allo zero, rallentando così il deterioramento microbico e chimico e preservando al meglio le caratteristiche organolettiche degli alimenti.

Per congelare gli alimenti in modo efficace, è fondamentale seguire alcune strategie pratiche. Prima di tutto, è importante selezionare alimenti freschi e di alta qualità per la conservazione. Questo assicura che gli alimenti congelati abbiano un sapore ottimale e un valore nutrizionale elevato una volta scongelati e consumati. Inoltre, è consigliabile preparare gli alimenti in porzioni individuali o in quantità adatte al consumo familiare, in modo da ridurre al minimo lo spreco e facilitare il processo di scongelamento.

Una volta selezionati e preparati gli alimenti, è necessario congelarli rapidamente per preservarne la freschezza e la qualità. Questo può essere fatto utilizzando un congelatore a temperatura molto bassa (-18°C o inferiore) che consenta di abbassare la temperatura degli alimenti il più rapidamente possibile. In alternativa, è possibile utilizzare tecniche di congelamento rapido, come il congelamento su vassoi o la sovrapponibilità delle confezioni, che consentono di congelare gli alimenti in poco tempo.

Durante il processo di congelamento, è importante evitare la formazione di ghiaccio e il deterioramento della consistenza degli alimenti. Per farlo, è consigliabile rimuovere l'aria dalle confezioni di congelamento e sigillarle ermeticamente per evitare l'ossidazione e la perdita di umidità. Inoltre, è possibile utilizzare contenitori appositamente progettati per il congelamento che proteggano gli alimenti da danni meccanici e contaminazioni esterne.

Una volta congelati, gli alimenti possono essere conservati nel congelatore per diversi mesi o anche anni senza perdere la loro freschezza e qualità nutrizionale. Tuttavia, è importante etichettare chiaramente le confezioni con la data di congelamento e il tipo di alimento per tenere traccia della loro durata di conservazione e facilitare la rotazione delle scorte.

Quando si desidera consumare gli alimenti congelati, è consigliabile scongelarli gradualmente nel frigorifero o utilizzare tecniche di scongelamento rapido come l'immersione in acqua fredda o l'utilizzo del microonde. È importante evitare lo scongelamento a temperatura ambiente, poiché questo può favorire la crescita batterica e compromettere la sicurezza alimentare.

In conclusione, il congelamento degli alimenti è una strategia efficace per conservare la freschezza e la qualità nutrizionale degli alimenti nel lungo periodo. Seguendo le giuste tecniche e precauzioni, è possibile congelare una vasta gamma di alimenti, dalle verdure alle carni, dai frutti di bosco agli alimenti preparati, offrendo così una soluzione pratica e conveniente per la conservazione delle scorte alimentari nell'orto domestico.

4. Organizzazione dello Spazio: Suggerimenti per Ottimizzare lo Stoccaggio delle Scorte

Un'organizzazione efficace dello spazio è fondamentale per ottimizzare lo stoccaggio delle scorte alimentari e garantire una gestione efficiente delle risorse disponibili. Esistono diversi suggerimenti pratici che possono essere adottati per massimizzare l'utilizzo dello spazio e facilitare l'accesso e la rotazione delle scorte.

Innanzitutto, è importante suddividere lo spazio disponibile in zone o aree specifiche dedicate alla conservazione di diversi tipi di alimenti. Ad esempio, è possibile creare una zona per le verdure congelate, una per le carni, una per i prodotti da forno e così via. Questa suddivisione aiuta a mantenere un'organizzazione chiara e a facilitare la ricerca degli alimenti necessari.

Per ottimizzare ulteriormente lo stoccaggio delle scorte, è consigliabile utilizzare contenitori e scaffalature adatti alle dimensioni e alla forma degli alimenti da conservare. I contenitori trasparenti consentono di visualizzare facilmente il contenuto e di identificare rapidamente gli alimenti senza doverli aprire. Inoltre, è possibile impiegare scaffalature regolabili in altezza per sfruttare al meglio lo spazio verticale disponibile e adattare l'altezza degli scaffali alle diverse dimensioni delle confezioni.

Un altro suggerimento utile è quello di utilizzare etichette e schede di inventario per tenere traccia del contenuto di ogni contenitore o scaffale. Questo aiuta a mantenere un inventario preciso delle scorte disponibili e a evitare sprechi o dimenticanze durante la preparazione dei pasti. Inoltre, l'utilizzo di etichette con la data di congelamento o di scadenza aiuta a garantire che gli alimenti vengano consumati prima che perdano la loro freschezza e qualità.

Per ottimizzare ulteriormente lo spazio di stoccaggio, è possibile impiegare soluzioni creative come appendiabiti, ganci o organizer a parete per sfruttare lo spazio verticale non utilizzato. Queste soluzioni consentono di liberare spazio sui ripiani e di tenere gli utensili da cucina o gli accessori per la conservazione degli alimenti facilmente accessibili e organizzati.

Infine, è importante mantenere lo spazio di stoccaggio pulito e ordinato, rimuovendo regolarmente gli alimenti scaduti o deteriorati e pulendo eventuali macchie o residui di cibo. Questo non solo contribuisce a mantenere uno standard igienico elevato, ma aiuta anche a evitare contaminazioni incrociate e a prolungare la durata di conservazione degli alimenti rimanenti.

Seguendo questi suggerimenti pratici e adottando un'approccio organizzato e metodico alla gestione delle scorte alimentari, è possibile massimizzare l'efficienza dello spazio disponibile e garantire una fornitura continua di alimenti freschi e di alta qualità per il consumo domestico.

5. Etichettatura e Rotazione: Procedure per Tenere Traccia delle Scorte e Evitare lo Spreco

Un'etichettatura accurata e una corretta rotazione delle scorte sono fondamentali per garantire una gestione efficiente degli alimenti conservati e prevenire lo spreco. Esistono procedure specifiche che possono essere seguite per tenere traccia delle scorte e assicurare che gli alimenti vengano consumati prima che perdano la loro freschezza e qualità.

Per prima cosa, è importante etichettare chiaramente ogni alimento con informazioni essenziali come la data di confezionamento o di scadenza, il tipo di alimento e eventuali istruzioni speciali per la conservazione o la preparazione. Questo consente di identificare rapidamente gli alimenti e di monitorare il loro stato di freschezza nel tempo.

Inoltre, è consigliabile adottare un sistema di rotazione delle scorte basato sul principio del "primo entrato, primo uscito" (PEPU). Questo significa che gli alimenti più vecchi devono essere utilizzati per primi, mentre quelli più recenti devono essere posizionati dietro o sopra agli altri per essere consumati successivamente. Questo aiuta a garantire che gli alimenti non rimangano a lungo in magazzino e vengano consumati prima che scadano.

Un altro suggerimento utile è quello di tenere un inventario regolare delle scorte e di aggiornarlo ogni volta che si aggiungono o si utilizzano degli alimenti. Ciò consente di monitorare accuratamente il livello delle scorte e di pianificare gli acquisti in base alle necessità effettive, riducendo così il rischio di accumulare troppi alimenti o di dimenticare quelli già presenti.

Inoltre, è consigliabile prestare particolare attenzione agli alimenti freschi o deperibili, come frutta, verdura e latticini, che hanno una durata di conservazione più breve rispetto ad altri alimenti confezionati. Utilizzare questi alimenti prima che vadano a male è essenziale per evitare lo spreco e garantire una corretta rotazione delle scorte.

Infine, è importante ispezionare regolarmente le scorte per individuare eventuali segni di deterioramento o contaminazione e scartare gli alimenti che non sono più sicuri da consumare. Questo aiuta a mantenere un ambiente di conservazione sicuro e igienico e a garantire la qualità e la sicurezza degli alimenti conservati nel tempo.

Seguendo queste procedure per etichettare e ruotare le scorte, è possibile mantenere un inventario accurato degli alimenti, ridurre al minimo lo spreco e assicurare una fornitura continua di alimenti freschi e di alta qualità per il consumo domestico.

XIX. Problem Solving: Risolvere i Problemi Comuni in un Orto

1. Identificazione dei Parassiti e delle Malattie delle Piante

Una corretta identificazione dei parassiti e delle malattie delle piante è il fondamento per mantenere la salute del tuo orto. Capire quali organismi dannosi possono colpire le tue piante e riconoscere i segni delle malattie è cruciale per intervenire tempestivamente e proteggere il tuo raccolto.

I parassiti delle piante possono includere una vasta gamma di insetti, come afidi, acari, cavallette e coleotteri, oltre a molluschi come lumache e chiocciole. Ognuno di questi parassiti ha i suoi metodi di attacco e i segni distintivi delle loro presenze. Allo stesso modo, le malattie delle piante possono essere causate da funghi, batteri o virus e possono manifestarsi attraverso sintomi come macchie fogliari, muffe, marciume radicale o deformità delle piante.

Una volta individuati i parassiti o le malattie, è essenziale agire prontamente per controllarli ed evitare che si diffondano ulteriormente. Sebbene l'uso di pesticidi possa essere una soluzione immediata, è importante considerare anche approcci più naturali e sostenibili. Ad esempio, l'introduzione di insetti predatori può aiutare a controllare popolazioni di insetti dannosi, mentre il ricorso a miscele di oli vegetali può soffocare gli insetti nocivi senza danneggiare l'ambiente circostante.

Inoltre, è fondamentale adottare pratiche colturali preventive per ridurre al minimo il rischio di attacchi da parte di parassiti e malattie. Queste pratiche possono includere la rotazione colturale, che impedisce agli organismi dannosi di stabilirsi continuamente nello stesso luogo, nonché la pulizia regolare degli attrezzi da giardino per evitare la trasmissione di agenti patogeni da una pianta all'altra.

Mantenere un'adeguata igiene dell'orto, come la rimozione delle piante infette o morte, può anche contribuire a contenere la diffusione di parassiti e malattie. Infine, monitorare costantemente la salute delle piante e mantenere un registro delle malattie e dei parassiti riscontrati, insieme alle misure di controllo adottate, ti permetterà di valutare l'efficacia delle tue pratiche e di apportare eventuali modifiche o miglioramenti in futuro.

In definitiva, una corretta identificazione e gestione dei parassiti e delle malattie delle piante sono essenziali per garantire il successo del tuo orto e ottenere raccolti sani e abbondanti.

2. Soluzioni Naturali per il Controllo dei Parassiti

Nel controllo dei parassiti, le soluzioni naturali offrono un approccio ecologico ed efficace per proteggere le tue piante senza danneggiare l'ambiente circostante. Esaminiamo alcune delle tecniche più comuni utilizzate per gestire i parassiti nel giardino.

1. Insetti predatori: Introdurre insetti predatori può essere un modo altamente efficace per controllare le popolazioni di insetti dannosi. Ad esempio, il rilascio di coccinelle può aiutare a controllare gli afidi, mentre le larve di crisope sono famose per la loro voracità nei confronti di molti insetti dannosi del giardino.

2. Piante repellenti: Alcune piante aromatiche, come la menta, il basilico e la lavanda, hanno proprietà repellenti per molti insetti. Piantare queste erbe intorno al tuo orto può aiutare a tenere lontani i parassiti.

3. Oli essenziali: Gli oli essenziali estratti da piante come il neem, la lavanda e l'eucalipto possono essere utilizzati per creare spray repellenti naturali. Mescolando gli oli con acqua e sapone neutro, puoi creare un deterrente efficace contro afidi, acari e altri parassiti.

4. Polveri di diatomee: La polvere di diatomee, composta da resti di piccole alghe fossili, è un'opzione di controllo dei parassiti molto efficace e sicura per l'ambiente. Spruzzando la polvere sulle piante infestate, le particelle di diatomee taglienti penetrano nell'esoscheletro degli insetti, causandone la disidratazione e la morte.

5. Trappole e barriere fisiche: Utilizzare trappole per insetti o barriere fisiche come reti anti-insetti può aiutare a prevenire l'accesso dei parassiti alle tue piante. Ad esempio, le trappole per lumache possono essere riempite con birra o una soluzione di lievito zuccherato per attirare e catturare le lumache dannose.

6. Rotazione colturale: Praticare la rotazione colturale può aiutare a interrompere il ciclo di vita dei parassiti, riducendo così la loro capacità di infestare le piante. Cambiando la posizione delle colture annualmente, è possibile confondere e ridurre le popolazioni di parassiti che si specializzano in determinate piante.

L'utilizzo combinato di queste soluzioni naturali può fornire un efficace controllo dei parassiti senza l'uso di pesticidi dannosi per l'ambiente e per la salute umana.

3. Rimedi per Malattie delle Piante e Disturbi Nutrizionali

Quando si tratta di malattie delle piante e disturbi nutrizionali, è fondamentale essere in grado di riconoscere i sintomi e di intervenire tempestivamente con i rimedi appropriati. Ecco alcuni rimedi pratici per affrontare le malattie delle piante e i problemi legati alla carenza di nutrienti:

1. Fertilizzanti organici: Utilizzare fertilizzanti organici ricchi di nutrienti come letame compostato, humus di vermi o compost può aiutare a migliorare la salute delle piante e a prevenire carenze nutrizionali. Questi fertilizzanti forniscono una vasta gamma di sostanze nutritive essenziali e migliorano la struttura del suolo.

2. Insetti ausiliari: Alcuni insetti ausiliari, come il nematode del fango, possono aiutare a controllare le malattie delle piante. Questi piccoli organismi predano i nematodi dannosi che possono causare malattie delle radici e del suolo, aiutando così a mantenere la salute delle piante.

3. Trattamenti fungicidi naturali: Per combattere le malattie fungine come la muffa bianca o la ruggine delle foglie, è possibile utilizzare trattamenti fungicidi naturali a base di bicarbonato di sodio, olio di neem, olio di agrumi o solfato di rame. Questi rimedi possono essere applicati sulle piante per prevenire o trattare le infezioni fungine.

4. Rotazione delle colture: La rotazione delle colture è una pratica efficace per prevenire la diffusione delle malattie delle piante. Cambiando la posizione delle colture annualmente, è possibile interrompere il ciclo di vita dei patogeni del suolo e ridurre la loro capacità di infestare le piante.

5. Potature e rimozione delle parti malate: La potatura regolare delle parti malate o infette delle piante può aiutare a prevenire la diffusione delle malattie e a promuovere la crescita di nuovi tessuti sani. Assicurarsi di utilizzare utensili da potatura puliti e disinfettati per evitare la contaminazione.

6. Integrazione di micronutrienti: Alcuni disturbi nutrizionali possono essere causati dalla carenza di micronutrienti come il ferro, il manganese o il magnesio. Integrare la dieta delle piante con fertilizzanti specifici può aiutare a correggere queste carenze e a ripristinare la salute delle piante.

Implementando queste pratiche e rimedi, è possibile gestire efficacemente le malattie delle piante e i disturbi nutrizionali nel proprio orto, garantendo una crescita sana e abbondante delle colture.

4. Affrontare le Condizioni Ambientali Avverse nell'Orto

Affrontare le condizioni ambientali avverse nell'orto richiede un approccio olistico e strategico per proteggere le piante dagli effetti negativi del clima estremo. Ecco alcune pratiche e tecniche pratiche per gestire le condizioni ambientali avverse:

1. *Scegliere piante adattabili al clima:* Una delle prime e più importanti considerazioni è la selezione di piante adatte al clima locale. Optare per varietà resistenti al caldo, al freddo o alla siccità può aiutare le piante a sopravvivere e prosperare anche in condizioni avverse.

2. *Utilizzare coperture protettive:* Durante periodi di clima estremo, come forti piogge, grandine o gelate tardive, è possibile proteggere le piante utilizzando coperture protettive come teli di plastica, tessuti non tessuti o tunnel di polietilene. Queste coperture possono fornire una barriera fisica contro gli agenti atmosferici e ridurre al minimo i danni alle colture.

3. *Irrigazione mirata:* In condizioni di siccità o caldo estremo, è essenziale fornire alle piante un'irrigazione mirata per mantenere un adeguato livello di umidità nel terreno. Utilizzare sistemi di irrigazione a goccia o a micro-irrigazione può garantire un'umidità uniforme intorno alle radici delle piante senza sprechi d'acqua.

4. *Mulching:* Applicare uno strato di pacciame intorno alle piante può aiutare a trattenere l'umidità nel terreno, ridurre l'erosione del suolo e proteggere le radici dalle temperature estreme. Materiali come paglia, corteccia di legno o trucioli possono essere utilizzati come pacciame per migliorare le condizioni del terreno.

5. Protezione dalle temperature estreme: Durante ondate di caldo intenso o gelo, è possibile proteggere le piante utilizzando tecniche come l'installazione di coperture ombreggianti per ridurre l'esposizione diretta al sole o l'utilizzo di tessuti non tessuti per proteggere le piante dal freddo.

6. Monitoraggio costante: È importante monitorare costantemente le condizioni ambientali nell'orto e adattare le pratiche di gestione di conseguenza. Utilizzare strumenti come termometri, igrometri e pluviometri per monitorare la temperatura, l'umidità e le precipitazioni e apportare le modifiche necessarie.

7. Pratiche culturali: Implementare pratiche culturali come la rotazione delle colture, la concimazione regolare e la potatura può migliorare la resistenza delle piante alle condizioni ambientali avverse e ridurre la loro suscettibilità a malattie e parassiti.

Affrontare le condizioni ambientali avverse richiede un approccio proattivo e una buona pianificazione, ma con le giuste pratiche e tecniche, è possibile proteggere con successo le piante e garantire una buona resa nell'orto.

5. Gestire Problemi di Crescita e Produzione delle Piante

La gestione dei problemi di crescita e produzione delle piante richiede una comprensione approfondita delle sfide che possono influenzare lo sviluppo e la resa delle colture nell'orto. Ecco alcuni suggerimenti pratici per affrontare i problemi di crescita e produzione delle piante:

1. Analisi del suolo: Prima di piantare, è importante condurre un'analisi del suolo per valutare la sua composizione e fertilità. Questo può aiutare a identificare eventuali carenze nutrienti o problemi di pH che potrebbero influenzare la crescita delle piante. Correggere eventuali squilibri nel terreno con l'aggiunta di compost, concimi organici o correzioni del pH può migliorare significativamente la salute e la produttività delle piante.

2. Fornire un ambiente ottimale: Assicurarsi che le piante ricevano una quantità adeguata di luce solare, acqua e nutrimenti è fondamentale per una crescita sana e una produzione abbondante. Posizionare le piante in aree ben illuminate, fornire un'irrigazione regolare e utilizzare concimi bilanciati possono favorire una crescita vigorosa e una produzione ottimale.

3. Controllo delle infestazioni di parassiti e malattie: Monitorare regolarmente le piante per segni di infestazioni di parassiti o malattie è essenziale per prevenire danni significativi alla produzione. Utilizzare metodi di controllo integrato dei parassiti, come l'applicazione di insetticidi naturali o l'uso di piante repellenti, può aiutare a mantenere sotto controllo le infestazioni senza l'uso eccessivo di prodotti chimici.

4. Pratiche di potatura: La potatura regolare può favorire
   una crescita più vigorosa e una produzione più
   abbondante eliminando rami danneggiati o malati,
   migliorando la circolazione dell'aria e la penetrazione
   della luce solare. Imparare le tecniche di potatura
   corrette per le diverse specie di piante può aiutare a
   ottimizzare la loro struttura e a massimizzare la
   produzione di frutta o verdura.

5. Gestione dell'irrigazione: Un'irrigazione eccessiva o
   insufficiente può compromettere la crescita e la
   produzione delle piante. Utilizzare sistemi di irrigazione
   ben progettati e regolare la frequenza e la quantità di
   acqua in base alle esigenze specifiche delle piante e alle
   condizioni meteorologiche può aiutare a evitare
   problemi legati all'acqua come il marciume radicale o la
   secchezza delle piante.

6. Monitoraggio costante: Essere attenti alle condizioni
   delle piante e intervenire tempestivamente per affrontare
   eventuali problemi è essenziale per garantire una
   crescita e una produzione ottimali. Ispezionare
   regolarmente le piante per segni di stress, malattie o
   parassiti e adottare misure correttive appropriate può
   contribuire a mantenere l'orto sano e produttivo.

Gestire i problemi di crescita e produzione delle piante richiede
pazienza, attenzione ai dettagli e una combinazione di pratiche
colturali appropriate. Con una buona pianificazione e una
gestione attenta, è possibile superare le sfide e ottenere una
generosa raccolta dall'orto.

XX. Progetti Avanzati: Tecniche di Orticoltura Biologica e Permacultura

1. Sistemi di Irrigazione a Goccia per l'Orto Biologico

I sistemi di irrigazione a goccia rappresentano un'opzione altamente efficiente e sostenibile per l'orticoltura biologica. Questa tecnica mirata fornisce acqua direttamente alla radice delle piante, riducendo al minimo lo spreco di acqua e garantendo un'umidità uniforme del suolo. Per implementare con successo un sistema di irrigazione a goccia nel proprio orto biologico, è essenziale considerare diversi fattori, tra cui il tipo di terreno, le esigenze specifiche delle piante, la topografia del terreno e le risorse idriche disponibili.

Prima di installare il sistema, è fondamentale effettuare un'analisi approfondita del terreno per valutare la sua capacità di trattenere l'umidità e determinare le esigenze idriche delle piante. Questo può essere fatto tramite test del suolo o semplicemente osservando il drenaggio naturale dell'area. In base a questi dati, si può progettare un sistema di irrigazione a goccia che fornisca la quantità ottimale di acqua per le piante senza causare ristagni idrici o eccessiva dispersione.

Esistono diversi tipi di sistemi di irrigazione a goccia tra cui
scegliere, tra cui tubi porosi, tubi a goccia e micro-gocciolatori.
I tubi porosi sono costituiti da materiali porosi che rilasciano
lentamente l'acqua lungo la loro lunghezza, ideali per le colture
che richiedono un'irrigazione costante ma leggera come le
carote o le lattughe. I tubi a goccia, d'altra parte, distribuiscono
l'acqua attraverso piccoli fori lungo il loro percorso,
consentendo un controllo preciso sul flusso d'acqua e adatti per
le colture in fila come pomodori o peperoni. I micro-
gocciolatori sono dispositivi che distribuiscono l'acqua
direttamente alla base delle singole piante, ideali per colture in
vaso o piante con esigenze idriche specifiche.

Una volta scelto il tipo di sistema di irrigazione a goccia più
adatto alle proprie esigenze, è importante pianificare
attentamente il layout e l'installazione. È consigliabile
posizionare i tubi o i gocciolatori vicino alle radici delle piante
e distribuirli uniformemente lungo l'intera area dell'orto.
Inoltre, è utile suddividere l'orto in zone separate con sistemi di
irrigazione dedicati in base alle esigenze idriche delle diverse
colture.

In conclusione, l'implementazione di un sistema di irrigazione a
goccia nell'orto biologico può migliorare significativamente
l'efficienza nell'uso dell'acqua, promuovere la crescita sana
delle piante e ridurre al minimo l'impatto ambientale. Con una
pianificazione attenta e l'installazione corretta, i coltivatori
possono godere dei benefici di un'irrigazione mirata e
sostenibile per ottenere un orto biologico rigoglioso e prospero.

2. Strategie di Compostaggio per la Fertilizzazione Naturale

Il compostaggio rappresenta un pilastro fondamentale dell'orticoltura biologica e della permacultura, offrendo un metodo naturale ed economico per fertilizzare il suolo e migliorare la salute delle piante. Questa pratica sfrutta i rifiuti organici provenienti dalla cucina e dal giardino, trasformandoli in un prezioso fertilizzante ricco di nutrienti essenziali per le piante. Tuttavia, per massimizzare l'efficacia del compostaggio e ottenere un humus di alta qualità, è necessario seguire alcune strategie chiave.

Innanzitutto, è importante selezionare una corretta varietà di materiali compostabili. Questi possono includere scarti di frutta e verdura, gusci d'uovo, fondi di caffè, erbe tagliate, foglie secche, paglia e ritagli di prato. Evitare di aggiungere al compost materiali come carne, latticini, oli e grassi, che possono attrarre animali indesiderati o causare cattivi odori.

Una volta raccolti i materiali compostabili, è essenziale bilanciare la miscela per ottenere un rapporto ottimale di carbonio e azoto. Questo equilibrio, comunemente conosciuto come rapporto C/N, favorisce la decomposizione efficace dei rifiuti organici e la formazione di un compost di alta qualità. Generalmente, si consiglia di mantenere un rapporto C/N compreso tra 25:1 e 30:1, il che significa aggiungere una maggiore quantità di materiali ad alto contenuto di carbonio come foglie secche o paglia rispetto a quelli ad alto contenuto di azoto come i residui vegetali freschi.

Una volta assemblati i materiali compostabili e bilanciato il rapporto C/N, è possibile iniziare il processo di compostaggio. Ci sono diverse tecniche per compostare, tra cui il compostaggio a montagna, il compostaggio a pile e il compostaggio in compostiera. Ognuna di queste tecniche ha i suoi vantaggi e può essere adattata alle esigenze specifiche dell'orto biologico.

Durante il processo di compostaggio, è importante mantenere il compost umido e aerato. Questo può essere ottenuto regolarmente girando il compost con una forca o un rastrello per favorire la circolazione dell'aria e l'attività dei microrganismi decompositori. Inoltre, è utile monitorare la temperatura del compost, poiché un aumento della temperatura indica un'attiva decomposizione dei materiali.

Infine, una volta completato il processo di compostaggio, il compost maturo può essere utilizzato per fertilizzare il terreno dell'orto biologico. Si consiglia di applicare il compost durante il periodo di preparazione del letto di semina o di trapianto, incorporandolo nel terreno per migliorarne la struttura e la fertilità. Utilizzando queste strategie di compostaggio, i coltivatori possono ottenere un'abbondante fonte di fertilizzante naturale per sostenere una crescita sana e vigorosa delle piante nell'orto biologico.

3. Diseño di Polyculture per la Diversificazione delle Colture

Il diseño di polyculture rappresenta un approccio avanzato e altamente efficace per la gestione dell'orto biologico, che mira a promuovere la diversificazione delle colture e a ottimizzare l'interazione positiva tra le piante. Questo metodo si basa sull'idea che la diversità vegetale favorisca la resilienza dell'ecosistema, riducendo al contempo la suscettibilità alle malattie e ai parassiti, migliorando la fertilità del suolo e aumentando la produttività complessiva dell'orto.

Una delle strategie chiave nel diseño di polyculture è la selezione accurata delle piante complementari, che possono interagire in modo sinergico per fornire benefici reciproci. Ad esempio, alcune piante possono rilasciare composti chimici nel terreno che favoriscono la crescita di altre piante circostanti, mentre altre possono agire come repellenti naturali per parassiti specifici. La scelta delle combinazioni di piante dipende dalle esigenze specifiche dell'orto, dalle condizioni ambientali e dalla disponibilità di risorse.

Un esempio pratico di polyculture potrebbe includere l'associazione di pomodori, basilico e cipolle nello stesso letto di coltivazione. I pomodori forniscono un supporto verticale per il basilico, proteggendo le sue foglie dal sole diretto e favorendo una crescita più vigorosa. Il basilico, a sua volta, emette oli essenziali che possono respingere i parassiti dannosi per i pomodori, riducendo così la necessità di trattamenti pesticidi. Le cipolle, infine, agiscono come piante companion, contribuendo a respingere gli afidi e altri insetti nocivi.

Oltre alla selezione accurata delle piante, è importante considerare anche la disposizione spaziale all'interno dell'orto. Posizionare le piante in modo strategico può massimizzare l'uso dello spazio, migliorare l'accesso alla luce solare e facilitare l'irrigazione e la gestione delle piante. Ad esempio, le piante più alte dovrebbero essere posizionate sul lato nord dell'orto per evitare l'ombreggiamento delle piante più basse, mentre le piante con esigenze idriche simili dovrebbero essere raggruppate insieme per semplificare l'irrigazione.

Implementare un diseño di polyculture richiede una pianificazione attenta e una buona comprensione delle esigenze delle piante e delle interazioni tra di esse. Tuttavia, i benefici in termini di salute delle piante, fertilità del suolo e resilienza complessiva dell'orto possono essere notevoli, offrendo agli orticoltori biologici un approccio avanzato e sostenibile alla gestione delle colture.

4. Utilizzo di Integratori Biologici per il Controllo dei Parassiti

L'utilizzo di integratori biologici rappresenta un'importante strategia per il controllo dei parassiti nell'orto biologico, offrendo un'alternativa sicura e sostenibile ai pesticidi chimici. Gli integratori biologici sono costituiti da organismi viventi o sostanze naturali che contribuiscono a mantenere un equilibrio ecologico all'interno dell'orto, riducendo l'infestazione di parassiti senza compromettere la salute delle piante o dell'ambiente circostante.

Tra gli integratori biologici più comuni ci sono i nematodi entomopatogeni, piccoli vermi che si nutrono dei parassiti delle piante, come larve di insetti nocivi e acari. Questi nematodi possono essere applicati al terreno attraverso l'irrigazione o tramite spruzzatura diretta sulle piante infestate, dove si muovono attivamente per cercare e infettare i loro ospiti. Una volta all'interno del corpo del parassita, i nematodi rilasciano batteri simbiotici che causano la morte dell'ospite entro pochi giorni, aiutando così a controllare l'infestazione.

Un altro integratore biologico ampiamente utilizzato è il Bacillus thuringiensis (Bt), un batterio naturale che produce tossine dannose per molti insetti nocivi, tra cui larve di lepidotteri e coleotteri. Il Bt può essere applicato sotto forma di spray sulle piante colpite dagli insetti o miscelato con il terreno per proteggere le radici dalle larve del suolo. Una volta ingerito dagli insetti, le tossine prodotte dal Bt interferiscono con il loro sistema digestivo, causandone la morte in modo selettivo e senza danneggiare altri organismi non bersaglio.

Oltre ai nematodi entomopatogeni e al Bt, esistono molte altre opzioni di integratori biologici, tra cui oli vegetali, estratti di piante, feromoni e predatori naturali, come insetti predatori e uccelli. Ogni integratore biologico ha le proprie caratteristiche e modalità di azione, quindi è importante selezionare quello più adatto alle esigenze specifiche dell'orto e alle specie di parassiti presenti.

Quando si utilizzano integratori biologici, è essenziale seguire attentamente le istruzioni sull'etichetta e considerare gli effetti sulle piante non bersaglio e sull'ambiente circostante. Inoltre, è consigliabile monitorare regolarmente l'efficacia degli integratori biologici e adattare le strategie di controllo dei parassiti in base alle condizioni e alle esigenze dell'orto.

5. Creazione di Habitat per la Biodiversità nell'Orto Permaculturale

Nel contesto dell'orto permaculturale, la creazione di habitat per la biodiversità riveste un ruolo fondamentale nel promuovere e sostenere l'equilibrio ecologico. Questa pratica si basa sull'idea di progettare l'orto in modo da mimare gli ecosistemi naturali, creando così un ambiente favorevole alla presenza di una vasta gamma di specie vegetali e animali.

Una delle tecniche più utilizzate per favorire la biodiversità è la creazione di zone di rifugio e nidificazione per insetti benefici, uccelli, anfibi e piccoli mammiferi. Queste zone possono includere siepi, cespugli fioriti, pile di tronchi e pietre, laghetti artificiali e zone di vegetazione spontanea. Questi elementi forniscono riparo, cibo e siti di nidificazione per una varietà di creature, contribuendo così a mantenere l'equilibrio ecologico e a ridurre la necessità di interventi umani per il controllo dei parassiti.

Oltre alla creazione di habitat naturali, è possibile aumentare la biodiversità nell'orto attraverso la scelta e la coltivazione di una vasta gamma di piante commestibili e ornamentali. La diversificazione delle colture non solo offre una maggiore resistenza alle malattie e ai parassiti, ma fornisce anche habitat e risorse per una varietà di organismi benefici. Ad esempio, la presenza di piante fiorite attira impollinatori come api, farfalle e sirfidi, che contribuiscono alla fecondazione delle piante e al controllo dei parassiti.

Un altro aspetto importante nella creazione di habitat per la biodiversità è la gestione sostenibile del suolo. Pratiche come il compostaggio, la copertura del suolo con pacciamatura organica e la rotazione delle colture aiutano a migliorare la struttura del suolo, aumentare la sua capacità di trattenere l'umidità e promuovere la crescita di microbi benefici e altri organismi del suolo. Questi microorganismi svolgono un ruolo chiave nel ciclo dei nutrienti e nella salute delle piante, contribuendo così alla fertilità del terreno e alla salute complessiva dell'orto.

Infine, la conservazione delle risorse idriche è essenziale per mantenere gli habitat per la biodiversità. L'uso di sistemi di raccolta e utilizzo delle acque piovane, la progettazione di zone di drenaggio naturale e l'impiego di tecniche di irrigazione efficienti contribuiscono a ridurre lo spreco di acqua e a creare ambienti più ricchi e prosperi per la vita vegetale e animale.

Vuoi un nostro libro a soli 0,99€? Ecco come fare!

Ciao!
Se ti è piaciuto questo libro, puoi ricevere il prossimo titolo **a soli 0,99€**, scegliendo tra:

eBook
PDF di un libro cartaceo

Segui questi semplici passaggi:

1. Condividi la tua esperienza sul sito dove hai effettuato l'acquisto.

2. Invia uno screenshot **del tuo feedback** dove si legge anche la dicitura "Acquisto verificato" a:
info.testicreativi@gmail.com

3. Riceverai un codice sconto personale da utilizzare sul nostro store online, valido per ottenere il prossimo libro **a soli 0,99€**.

La tua opinione conta davvero: ogni recensione ci aiuta a crescere e permette a nuovi lettori di scoprire i nostri libri.

Grazie di cuore per il tuo tempo e buona lettura!